Perfekte
PASTA

KÖNEMANN

Rund um den Teig

Pasta gibt es in einer großen Vielfalt von Formen und Größen.

*Nudeln in allen Variationen und Formen ißt man in Europa und Asien schon seit Jahrhunderten. Sie sind nicht nur vielseitig sowie schnell und einfach zubereiten, sondern auch noch preisgünstig.
In den in diesem Buch vorgestellten Rezepten werden hauptsächlich fertige Teigwaren verwendet, die sowohl schnell wie auch praktisch sind. Zur Abwechslung sollten Sie jedoch versuchen, sie durch frische selbstgemachte Nudeln zu ersetzen.*

Der Teig

Pastateig sollte ziemlich trocken und fest sein. Ist der Teig zu feucht, läßt er sich nur schlecht verarbeiten. Um die richtige Konsistenz zu erhalten, sollte man deshalb etwas mehr Mehl darunterkneten.

Der Knetvorgang ist äußerst wichtig, um einen elastischen, gut formbaren Teig zu erhalten. Nach 5 bis 10 Min. die Probe machen: Der Teig ist fertig geknetet, wenn er sofort seine ursprüngliche Form annimmt, sobald man mit dem Finger hineindrückt. In diesem Zustand ist der Teig allerdings noch zu elastisch, als daß man ihn rollen könnte. Deshalb schlägt man ihn erst einmal in eine Frischhaltefolie oder in Wachspapier ein und läßt ihn rund 10 Min. ruhen – während dieser Zeit wird der Teig etwas weicher, so daß er sich besser rollen läßt.

Frischer Pastateig

Zubereitungszeit: 10 Min.
Kochzeit: keine

*450 g Mehl
3 Eier
1 EL Olivenöl
3 EL Wasser*

1 Mehl auf eine glatte Fläche sieben. In die Mitte des Mehls eine Mulde formen. Eier, Öl und Wasser miteinander verrühren.

2 Drei Viertel der Eimischung zum Mehl geben und mit Hilfe der flachen Klinge von zwei Messern unter das Mehl mengen. So viel von der restlichen Eimischung dazugeben, bis der Teig fest wird. Teig etwa 20 Min. durchkneten, bis er glatt und elastisch ist. Teig in vier Portionen teilen und ganz nach Wunsch verwenden.

> **Tip**
> Vorbereiteten frischen Teig kann man in Gefrierbeuteln oder Folie bis zu drei Monaten einfrieren. Aus dem Gefrierfach direkt in den Kochtopf geben.

So wird Teig selbst gemacht

1. Mehl auf eine glatte Fläche sieben. Ei, Öl und Wasser dazugeben.

2. Teig mit zwei flachen Messerklingen vermischen.

3. Teig so lange kneten, bis er glatt und elastisch ist.

Pastasorten von links nach rechts: aus Kichererbsen und mit Knoblauch, mit Käse und Basilikum, mit Zitrone und Pfeffer, mit Spinat, Mandeln, Safran, Buchweizen, Tomaten und Vollkornmehl.

Frische Pasta

Zubereitungszeit:
 10 Min.
Kochzeit: keine

3 Becher feiner Grieß
2 Eier
1 EL Olivenöl
200 ml lauwarmes Wasser

1 Grieß auf eine glatte Fläche sieben. In die Mitte eine Mulde formen. Eier, Öl und Wasser miteinander verrühren.
2 Drei Viertel der Eimischung zum Grieß geben, und mit zwei flachen Messerklingen Flüssigkeit unter den Grieß mengen. Je nach Bedarf restliche Flüssigkeit dazugeben, so daß ein fester Teig entsteht. Teig etwa 10 Min. durchkneten, bis er glatt und elastisch ist. Teig in vier Portionen aufteilen. In die gewünschte Form rollen.

TEIG ROLLEN

Man kann den Teig mit dem Nudelholz ausrollen. Das nimmt zwar etwas Zeit in Anspruch, aber wer noch ungeübt ist, kommt gut zurecht, wenn der Teig in kleinen Portionen gerollt wird.

Mit einer Nudelmaschine läßt sich der Teig sehr viel leichter ausrollen, und wer gerne frische Nudeln ißt, sollte sich eine solche Maschine anschaffen.

Mit dem Nudelholz Ein Viertel des Teigs auf eine saubere, glatte und leicht mit Mehl bestäubte Arbeitsfläche geben. Teig leicht mit der Handfläche flach drücken.

Teig mit einem Nudelholz von der Mitte zum Rand hin dünn ausrollen. Nicht über den Rand hinausrollen, weil die Ränder dann hauchdünn werden und sich schlecht weiterverarbeiten lassen. Weiterrollen. Bei Bedarf Unterlage und

Nudelholz wiederholt mit Mehl bestäuben. Den Teig, nachdem er gerollt wurde, in jede beliebige Form schneiden. Wird der Teig nicht sofort geschnitten, sollte er zuerst mit einem sauberen trockenen Geschirrtuch und dann mit einem feuchten abgedeckt werden. Das verhindert, daß der Teig austrocknet und brüchig wird.

Mit der Nudelmaschine
Teig in vier Portionen teilen und auf einer mit Mehl bestäubten Unterlage leicht flach drücken.
Walzen der Teigmaschine auf die größte Breite einstellen und leicht mit Mehl bestäuben.
Jede Teigportion zweimal durch die Maschine laufen lassen.
Flach auf ein Brett legen, in drei Lagen falten und mit der offenen Schmalseite voran durch die Maschine drehen. Teig noch sechsmal durchdrehen; dann sollte er weich sein und seidig aussehen. Klebt der Teig, wird er mit etwas Mehl bestäubt.
Einstellung an der Maschine ändern, so daß sich der Walzenabstand um 1 Stufe verringert. Teig nur einmal durchlaufen lassen – dadurch wird er dünner und länger. Einstellung um eine weitere Stufe verringern, und Teig noch einmal durchlaufen lassen. Den Vorgang wiederholen, bis die vorletzte Einstellung erreicht ist – dann hat der Teig für die meisten Zwecke die ideale Dicke. Mögen Sie Ihre Teigwaren hauchdünn, drehen Sie den Teig durch die schmalste Einstellung. Teig in die gewünschte Form schneiden.

TEIGWAREN SCHNEIDEN
Bandnudeln
Teigblätter wie eine Biskuitrolle zylinderförmig aufrollen. In die gewünschte Breite schneiden. Aufrollen und sofort kochen (oder trocknen lassen, siehe unten). Ist der Teig ein wenig zu feucht, vor dem Rollen mit etwas Mehl bestäuben. Man kann den

Pasta mit dem Nudelholz

1. Teig auf eine mehlbestäubte Unterlage legen und von der Mitte nach außen rollen.

2. Dünn ausrollen, dann ganz nach Wunsch weiterverarbeiten.

Teig mit einer Maschine ausrollen

1. Flach gedrückten Teig durch die Walzen laufen lassen.

2. Teig in drei Lagen falten.

3. Teig erneut durch die Maschine drehen, Einstellungsgröße immer weiter verringern.

Perfekte Pasta

ausgewalzten Teig durch die Schnittwalzen der Nudelmaschine geben, um geschnittene Nudeln zu bekommen.

Lasagne oder Cannelloni
Ein scharfes Messer mit einer geraden Schneide oder ein gezacktes Teigrädchen nehmen. Lasagne auf die Größe einer Lasagneform oder in etwa 10 x 12 cm große Blätter schneiden. Sie werden gekocht und abgekühlt, bevor man sie um die Füllung wickelt.

Farfalle- und Spiralnudeln
Für Farfalle den gerollten Teig mit gezacktem Teigrädchen in 3 cm große Quadrate schneiden. Zwei gerade Ränder zusammendrücken.

Für Spiralnudeln den Teig mit gezacktem Teigrädchen in 5 x 2 cm große Stücke schneiden. In die obere Hälfte des Streifens einen 2 cm langen Einschnitt machen. Untere Hälfte durch den Schnitt ziehen, so daß eine gewundene Nudel entsteht.

Gefüllte Teigwaren
Für Tortellini 5 cm große Kreise ausstechen. Etwas Füllung auf eine Seite des Kreises geben und die Hälfte des Randes leicht mit Wasser bestreichen. Feuchten Rand auf den trockenen legen und fest zusammendrücken, so daß ein Halbmond entsteht. Halbmond zu einem Kreis schließen, die Spitzen dort, wo sie sich berühren, mit etwas Wasser befeuchten, festdrücken.

Für Ravioli eine Lage des gerollten Teiges auf eine glatte Fläche legen. Füllungen im Abstand von 4 cm auf dem Teig verteilen. Zwischenräume mit etwas Wasser bestreichen. Eine zweite Teigplatte darüberlegen. Die Teiglagen zwischen den Füllungen zusammendrücken und in Quadrate schneiden.

Teig trocknen
Frischer Teig kann sofort nach seiner Herstellung gekocht werden. Wird er jedoch gut getrocknet, ist er unbegrenzt lange im Schrank haltbar, und man kann ihn, wann immer man will, verwenden.

Um Teigwaren zu trocknen, den Teig auf ein flaches, mit Küchenpapier ausgelegtes Tablett oder einen Gitterrost legen und an einen trockenen, luftigen Ort stellen. Regelmäßig wenden, bis er knusprig und völlig trocken ist.

Bandnudeln trocknet man, indem man die Nudeln entweder auf ein Kuchengitter legt und trocknen läßt oder die Pasta über einen über zwei Stühle gelegten Holzstiel hängen und dort trocknen läßt. Nachdem der Teig restlos getrocknet ist, bis zum Gebrauch in einem luftdichten Behälter aufbewahren. Natürlich gibt es fertige Teigwaren überall zu

Den Teig schneiden

1. *Teig wie eine Biskuitrolle aufrollen.*

2. *Teig zu Bandnudeln schneiden.*

3. *Gerollten Nudelteig durch die Schnittwalzen der Nudelmaschine führen.*

Tortellini

1. *Aus dem ausgerollten Teig Kreise ausstechen.*

3. *Ränder zur Hälfte befeuchten und zusammenfalten, so daß ein Halbmond entsteht.*

2. *Mit dem Löffel etwas Füllung in die Mitte setzen.*

4. *Halbmond um den Zeigefinger biegen. Mit Wasser befeuchtet festdrücken.*

kaufen. Es lohnt sich schon, verschiedene Marken auszuprobieren, um eine zu finden mit der man wirklich zufrieden ist, denn die einzelnen Marken unterscheiden sich leicht in Konsistenz und Kochzeit.

TEIGWAREN KOCHEN

Pasta muß vor dem servieren gekocht werden.

Frische einfache Nudeln Man kann sie braten und zum Kaffee mit Puderzucker bestreuen. In den meisten Fällen jedoch kocht man Nudeln in einem großen Topf mit kochendem Wasser. Häufig gibt man Salz ins Kochwasser, obwohl es eigentlich nicht nötig ist, da Nudeln genug Eigengeschmack besitzen, und das gilt noch mehr, wenn man sie mit einer köstlichen Sauce serviert.

Um Nudeln zu garen: Wasser zum Kochen bringen und etwas Öl hinzufügen, damit sie nicht zusammenkleben. Nudeln hineingeben und gut umrühren, um sicherzugehen, daß sie nicht am Topfboden hängenbleiben. Nudeln *al dente*, d.h. bißfest kochen. In einem Sieb abgießen. Wenn das Kochwasser milchig aussieht, Nudeln mit etwas heißem oder kalten Wasser abspülen. Zum Wiederaufwärmen Nudeln auf einen Teller geben und rund 10 Min. über einen Topf mit köchelndem Wasser stellen.

Andere Arten von Teigwaren Fertige Lasagne und Cannelloni zu verarbeiten ist zeitsparend, da man sie nicht kochen muß, bevor man sie in Schichten anordnet oder füllt. Am besten weicht man den Teig, vor der Verwendung, 5 bis 10 Min. in warmem Wasser ein.

Teigwaren mit einer Füllung wie Ravioli oder Tortellini kauft man am besten frisch oder tiefgefroren. Frische Ravioli und Tortellini müssen im allgemeinen 5 bis 7 Min. weich gekocht werden. Sind sie tiefgefroren, muß man sie rund 15 Min. kochen.

Perfekte Pasta

Gewürzte Teigwaren

Man kann seine Teigwaren abwechslungsreicher gestalten, indem man im Handel erhältliche Fertigware durch eigene, frisch gewürzte ersetzt. Es gibt unendliche Möglichkeiten, und es lohnt sich, einige Kombinationen auszuprobieren.

Pasta mit Tomatenmark
1 EL Tomatenmark und 1 zerdrückte Knoblauchzehe (nach Wunsch) zur Eimischung geben. Dadurch erhalten die Nudeln eine schöne dunkelorange Farbe, die beim Kochen etwas verblaßt.

Pasta mit Käse und Basilikum
50 g feingeriebenen Parmesankäse und 2 EL feingehacktes frisches Basilikum ins Mehl geben, bevor man das Ei daruntermengt. In Butter gewendet sind sie eine köstliche Beilage.

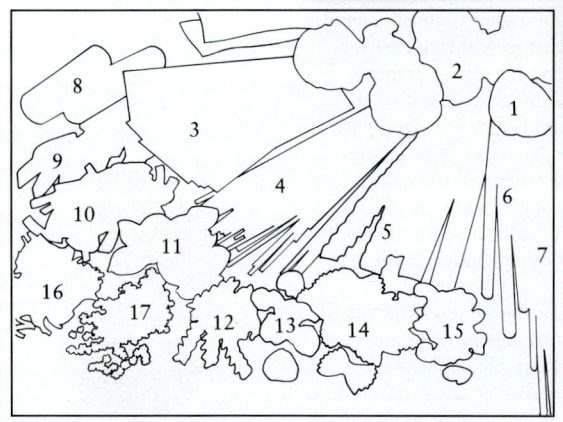

1. Fettuccine
2. Vermicelli
3. Lasagne
4. Spaghetti
5. Pappardelle
6. Rigatoni
7. Bucatini
8. Cannelloni
9. Penne
10. Tagliatelle
11. Muscheln
12. Fusilli

13. Tortellini
14. Farfalle
15. Makkaroni
16. Gramigna
17. Stellette

Pasta mit Kichererbsen und Knoblauch
150 g Mehl durch Kichererbsenmehl ersetzen und 1/2 TL Knoblauchpulver zu den Eiern geben. Diese Nudeln schmecken am besten mit etwas Olivenöl und frischen gehackten Kräutern oder Chillies.

Pasta mit Zitrone und Pfeffer
2 TL feingeriebene Zitronenschale und 1 TL grobgemahlenen schwarzen Pfeffer ins Mehl geben, bevor die Eier darunter gerührt werden. Köstlich zu Tortellini, die mit Meeresfrüchten gefüllt sind. Auch eine helle Sahnesauce paßt gut dazu.

Spinat-Pasta
225 g Spinatblätter weich kochen. Fein hacken und die überschüssige Flüssigkeit sehr gut ausdrücken. Den Spinat zum Mehl geben, bevor es mit Ei und Öl zu einem Teig vermischt wird. Diese grünen Nudeln eignen sich hervorragend für eine Spinatlasagne oder als Beilage zu einer Hauptmahlzeit.

Vollkornnudeln
Dazu kann man jedes beliebige Vollkornmehl verwenden, wenn die Nudeln auch etwas schwer werden.
  Es wird oft vorgeschlagen, zur Hälfte weißes und zur Hälfte Vollkornmehl zu verarbeiten.
  Unter Umständen muß man noch etwas Flüssigkeit dazugeben; dann sollte man eisgekühltes Wasser nehmen.
  Diese Nudeln haben ein köstliches Nußaroma.

Buchweizennudeln
225 g Mehl durch 225 g Buchweizenmehl ersetzen.

Mandelnudeln
150 g Vollkornmehl, 100 g geriebene Mandeln, 3 EL Puderzucker vermischen. 2 Eier und 1/4 TL Mandelaroma dazugeben und alles zu einem Teig verkneten.

Perfekte Pasta

Die wichtigsten Saucen

*P*asta werden generell nach ihrer Form, nicht nach den Zutaten, die sie enthalten, benannt. Zwar eignen sich einige Nudelformen für bestimmte Gerichte besser als andere, das sollte jedoch kein Grund sein, nicht eigene Variationen auszuprobieren. Probieren Sie verschiedene Formen für Ihre Lieblingsgerichte aus, und kombinieren Sie sie mit einer der folgenden köstlichen Saucen.

Reichhaltige Fleischsauce

Mit einem Vorrat davon im Kühlschrank oder Gefrierfach können Sie im Handumdrehen viele köstliche Gerichte zaubern.

Zubereitungszeit: 30 Min.
Kochzeit: 1 3/4 Std.
Ergibt 1 1/2 l

4 EL Öl
1,5 kg Hackfleisch
3 große feingehackte Zwiebeln
3 große, gewürfelte grüne Paprikas
6 zerdrückte Knoblauchzehen
3 x 425-g-Dosen mit ganzen Tomaten
750 ml pürierte Tomaten oder Tomatenmark
1 EL getrocknete Oreganoblätter
3 TL getrocknete Basilikumblätter
1/2 TL Pfeffer
375 ml Rotwein
4 EL Rinderbrühe

1 Öl in einer großen Bratpfanne erhitzen. Fleisch in kleinen Portionen hineingeben und unter ständigem Rühren bräunen. Jede gebratene Portion in eine Schüssel geben. Zwiebeln, Paprikaschoten und Knoblauch in die Pfanne geben und weich dünsten.
2 Fleisch mit den übrigen Zutaten in die Pfanne zurückgeben. Ohne Deckel unter häufigem Rühren etwa 1 1/2 Std. köcheln lassen, bis alles eingedickt ist. Mit heißen Nudeln servieren.

Sardellen-Knoblauchsauce

Zubereitungszeit: 8 Min.
Kochzeit: 5 Min.
Ergibt etwa 250 ml

125 g Butter
4 zerdrückte Knoblauchzehen
2 x 45-g-Dosen mit flachen Sardellenfilets, grobgehackt, aber nicht abgetropft
2–4 EL heißes Wasser
1 1/2 Becher gehackte Petersilie
Prise Pfeffer

1 Butter in kleiner Bratpfanne schmelzen. Knoblauch hineingeben und weich dünsten.
2 Sardellen dazugeben. Mit Wasser aufgießen, gut verrühren, und Petersilie hinzufügen. Mit Pfeffer abschmecken. Sauce unter die heißen Nudeln mischen.

> **TIP**
> Sardellen sind weniger salzig, wenn man sie vor dem Gebrauch 30 Min. in etwas Milch einweicht. Abschütten und, wie im Rezept angegeben, verwenden.

Thunfischsauce

Zubereitungszeit: 10 Min.
Kochzeit: 15 Min.
Ergibt etwa 500 ml

90 g Butter
1 zerdrückte Knoblauchzehe
250 g kleine Pilze in dicken Scheiben
200 ml pürierte Tomaten
185-g-Dose Thunfisch, abgetropft und in kleinen Stücken
Prise schwarzer Pfeffer
gehackte frische Petersilie zum Garnieren

1 Butter erhitzen. Knoblauch 2 Min. leicht dünsten, dann aus der Pfanne nehmen. Pilze hineingeben und unter Rühren weich dünsten.
2 Tomaten, Thunfisch und Pfeffer dazugeben. Etwa 10 Min. unter Rühren köcheln lassen. Mit Petersilie garnieren und mit heißen Nudeln servieren.

Sahnesauce mit Pilzen

Zubereitungszeit: 10 Min.
Kochzeit: 8 Min.
Ergibt etwa 500 ml

60 g Butter
200 g kleine Pilze in Scheiben
1 zerdrückte Knoblauchzehe
300 g Sahne
1 TL geriebene Zitronenschale
Prise Pfeffer
Prise Muskatnuß
3 EL geriebener Parmesankäse

1 Butter in einer Pfanne schmelzen. Pilze hineingeben und behutsam 30 Sek. dünsten. Knoblauch, Sahne und Zitronenschale dazugeben, und mit Pfeffer und geriebener Muskatnuß abschmecken.
2 Bei niedriger Hitze 1 bis 2 Min. rühren. Parmesan hineingeben und behutsam 3 Min. kochen. Mit Makkaroni oder Bandnudeln servieren.

Variante: Parmesankäse durch zerkrümelten Gorgonzola ersetzen.

Frische Tomatensauce

Zubereitungszeit: 15 Min.
Kochzeit: 45 Min.
Ergibt 1 l

1 EL Öl
2 große, gehackte Zwiebeln
1/2 Becher gehackte Sellerie
2 zerdrückte Knoblauchzehen
1 kg geschälte, gehackte Tomaten
1/2 TL getrocknete oder 1 1/2 TL frische Oreganoblätter
Prise schwarzer Pfeffer
1 TL Zucker
1 Lorbeerblatt

1 Zwiebeln und Sellerie in Öl leicht dünsten, bis Zwiebeln weich sind. Knoblauch, Tomaten, Oregano, Zucker und Lorbeerblatt dazugeben, und mit Pfeffer abschmecken.
2 Aufkochen, Hitze verringern, zudecken und rund 40 Min. köcheln lassen. Lorbeerblatt herausnehmen. Sauce zum Servieren auf die heißen Nudeln geben.

Variante:
Ganz nach Wunsch kann man 125 g kleine Pilze ungefähr 10 Min., bevor alles gar ist, dazugeben. Pilze können geviertelt oder in Scheiben geschnitten sein. man sollte sie in etwas Butter kurz andünsten und dann zur Sauce geben.

Pesto

Zubereitungszeit: 10 Min.
Kochzeit: keine
Ergibt 1 1/2 Becher

125 g Parmesan-, Romano- oder Pecorinokäse in kleinen Würfeln
2 Knoblauchzehen
75 g Pinienkerne oder Walnüsse
1 Becher dicht gefüllt mit frischer Basilikumblättern
125 ml Olivenöl

1 Die Käsewürfel in eine Küchenmaschine geben und fein hacken. Knoblauch, Nüsse und Basilikum dazugeben, und alles zusammen fein zerkleinern.
2 Bei laufendem Motor langsam Öl durch die Öffnung gießen, und so lange pürieren, bis sich alles zu einer dicken Masse verbunden hat. Über die heißen Nudeln geben. Gut umrühren und servieren.

> **TIP**
> Pesto sollte man immer frisch zubereiten. Da frisches Basilikum nicht das ganze Jahr über erhältlich ist, kann man es durch glatte Petersilie ersetzen; das ergibt eine andere, aber ebenfalls köstliche Sauce.

Die wichtigsten Saucen

Im Uhrzeigersinn von links oben: Sahnesauce mit Pilzen, frische Tomatensauce und Pesto

HERZHAFTE MAHLZEITEN

Tagliatelle con Prosciutto

Herzhafte Mahlzeiten

Probieren Sie einmal aus wie vielfältig Teigwaren sind – es gibt unzählige köstliche Möglichkeiten, Teigwaren mit frischem Fleisch, Hühnchen und Leckerbissen aus dem Delikatessengeschäft zu kombinieren.
  Die nun folgenden Gerichte stammen sowohl aus der europäischen wie der orientalischen Küche, und man kann sie größtenteils schnell und mühelos zubereiten. Versuchen Sie das eine oder andere, wenn Sie einmal etwas anderes essen möchten, das köstlich schmeckt.

Tagliatelle con Prosciutto

Zubereitungszeit: 15 Min.
Kochzeit: 20 Min.
Für 2 Personen

1 EL Öl
200 g Tagliatelle (siehe S. 8)
60 g Butter
1 Zwiebel in Scheiben
200 g gekochter,
  gewürfelter Schinken
250 g tiefgefrorene Erbsen
250 ml trockener Weißwein
1 Brühwürfel
125 ml Wasser
2 EL geriebener
  Parmesankäse

1 Wasser und Öl in einem großen Topf zum Kochen bringen. Tagliatelle hineingeben und 6 bis 8 Min. *al dente* kochen. Abgießen, unter warmem Wasser abspülen, und abtropfen lassen. Warm stellen.
2 Zwiebeln in Butter weich, aber nicht braun dünsten. Schinken und Erbsen dazugeben und einige Min., ohne daß sie bräunen, dünsten. Mit Wein ablöschen und kochen, bis er beinahe verdampft ist.
3 Brühwürfel über der Mischung zerkrümeln und mit Wasser aufgießen. Aufkochen lassen, und Nudeln unterrühren. Mit geriebenem Käse bestreut servieren.

> **Tip**
> Das Rezept läßt sich abwandeln: die Brühe kann durch 150 g Sahne ersetzt werden.

Pikante Tagliatelle

Zubereitungszeit: 15 Min.
Kochzeit: 25 Min.
Für 6 Personen

1 EL Öl
je 250 g grüne und weiße
  Tagliatelle (siehe S. 8)
6 Zweige gehackte frische
  Petersilie
4 EL geriebener
  Parmesankäse

Sauce
30 g Butter
1 gehackte Zwiebel
125 g gehackte ungarische
  Salami
125 g Champignons,
  in Scheiben
1/2 rote Paprikaschote in
  feinen Streifen
4 EL trockner Weißwein
3 EL Zitronensaft
425-g-Dose geschälte,
  gehackte Tomaten

1 Für die Teigwaren in einem großen Topf Wasser und Öl aufkochen. Tagliatelle hineingeben und in kochendem Wasser 6 bis 8 Min. *al dente* kochen. Abgießen, unter warmem Wasser abspülen, und abtropfen lassen. Warmstellen.
2 Für die Sauce Zwiebeln in Butter weich dünsten. Salami, Pilze und Paprikaschote dazugeben. Ein paar Min. dünsten. Wein, Zitronensaft und Tomaten einrühren. Aufkochen lassen, Hitze verringern, und 5 Min. köcheln lassen.
3 Nudeln in die Pfanne geben, Petersilie und Parmesan darüberstreuen, gut vermischen und sofort servieren.

Orientalisches Nudelgericht

Zubereitungszeit: 25 Min.
Kochzeit: 30 Min.
Für 4 Personen

1 EL Öl
500 g Fettuccine
(siehe S. 8)

Sauce
4 EL Öl
500 g Rumpsteak in 2 cm großen Würfeln
1 gehackte Zwiebel
1 zerdrückte Knoblauchzehe
425-g-Dose abgetropfte Tomaten
2 EL Sojasauce
½ TL feingehackter frischer Ingwer
125 ml Rinderbrühe
1 grüne Paprikaschote in kurzen Streifen
1 EL Maismehl, vermischt mit 2 EL Wasser

1 Für die Sauce Öl im Wok erhitzen. Fleisch portionsweise leicht bräunen und in eine Schüssel geben. Zwiebel und Knoblauch in die Pfanne geben und 1 bis 2 Min. gut rühren.

Orientalisches Nudelgericht (oben) und schnelle Hühnchenpfanne (unten)

2 Tomaten dazugeben und 5 Min. dünsten; dabei mit dem Löffelrücken auf die Tomaten drücken. Fleisch in die Pfanne zurückgeben; Sojasauce, Ingwer und Brühe hinzugeben. Zudecken und etwa 20 Min. köcheln lassen, bis das Fleisch gar ist.
3 Paprikaschote dazugeben, und noch weitere 5 Min. kochen. Die Mehlmischung in die Pfanne geben und unter Rühren eine weitere Min. kochen.
4 Für die Nudeln in einem großen Topf Wasser und Öl aufkochen. Fettuccine 6 bis 8 Min. al dente kochen. Abgießen, unter warmem Wasser abspülen und abtropfen lassen. Auf einen Teller geben und mit der Fleischsauce servieren.

> **TIP**
> Um die hauchdünne Schale von einer Knoblauchzehe zu entfernen, Knoblauch mit der flachen Seite eines großen Messers fest drücken, dann läßt sich die hauchdünne Schale abziehen.

Schnelle Hühnchenpfanne

Zubereitungszeit: 25 Min.
Kochzeit: 20 Min.
Für 4 Personen

1 EL Pflanzenöl
325 g chinesische Nudeln

Hühnchen und Gemüse
2 EL Pflanzenöl
500 g Hühnchen ohne Haut und Knochen, in 1 cm breite Streifen geschnitten
2 dünne Scheiben geschälter frischer Ingwer
Prise scharfe Chilisauce aus der Flasche
4 Becher frisches Mischgemüse (z. B. Möhren, Tomaten, Brokkoli, Bohnen, Erbsen oder Kohl)
250 ml Hühnerbrühe (Instant)
4 Schalotten, in 5 cm große Stücke geschnitten
2 EL Sojasauce
2 EL trockener Sherrywein oder trockener Wermut
1 1/2 EL Maismehl
230-g-Dose abgetropfte Wasserkastanien

1 Wasser und Öl in einem großen Topf zum Kochen bringen. Nudeln 3 bis 5 Min. al dente kochen. Abgießen, unter warmem Wasser abspülen, und abtropfen lassen. Warm stellen.
2 Für Hühnchen und Gemüse Öl im Wok erhitzen. Hühnchen und Ingwer hineingeben und mit Chilisauce abschmecken. Unter Rühren kurz anbraten, bis das Hühnchen weiß wird. Mit einem Sieblöffel in eine Schüssel geben. Ingwer entfernen.
3 Gemüse in den Wok geben und 3 Min. unter Rühren kurz dünsten. Brühe hineingeben und 3 Min. kochen. Hühnchen in den Wok zurückgeben. Hitze verringern und zudecken. Weitere 3 Min. kochen.
4 Schalotten dazugeben und 1 Min. weich kochen. Sojasauce mit Sherrywein und Maismehl vermengen. Zusammen mit den Wasserkastanien in den Wok geben. Unter Rühren kochen, bis alles eingedickt und klar ist.
5 Hühnchenmischung in eine Servierschüssel über die heißen Nudeln geben. Alles gut vermischen und sofort auftragen.

> **TIP**
> Frischen Ingwer in einem Behälter mit feuchtem Sand lagern. Nach Bedarf ein Stück abschneiden, und den Rest in den Sand zurückstecken. Dadurch bleibt Ingwer frisch und feucht.

Perfekte Pasta

Spaghetti mit Fleischklößchen

Zubereitungszeit: 25 Min.
Kochzeit: 50 Min.
Für 6 Personen

1 EL Öl
500 g Spaghetti
geriebener Parmesankäse zum Servieren

Sauce
1 EL Öl
1 kleine, gehackte Zwiebel
425-g-Dose Tomaten
4 EL Tomatenmark
125 ml Wasser
125 ml trockener Rotwein
1 kleine, zerdrückte Knoblauchzehe
1 Lorbeerblatt
1 Prise schwarzer Pfeffer

Fleischklößchen
125 ml Milch
60 g frische Semmelbrösel
500 g Rinderhackfleisch
1 kleine, sehr feingehackte Zwiebel
1 EL geriebener Parmesankäse
1 Ei, geschlagen
1 EL gehackte frische Petersilie
1 Prise schwarzer Pfeffer
$1/4$ TL getrocknete Oreganoblätter
3 EL Öl

Spaghetti mit Fleischklößchen

Herzhafte Mahlzeiten

1 Für die Sauce Öl in einer Pfanne erhitzen. Zwiebel hineingeben und weich dünsten. Restliche Saucenzutaten dazugeben und 20 Min. köcheln lassen, bis alles eingedickt ist. Gelegentlich umrühren.
2 Für die Fleischklößchen Milch zu Semmelbröseln geben und 5 Min. einweichen. Eingeweichte Semmelbrösel mit restlichen Zutaten für Fleischklößchen vermischen und alles leicht, aber gründlich vermengen. Zu Bällchen formen, und auf allen Seiten in 3 EL heißem Öl braten. In die Sauce geben und 15 Min. leicht köcheln lassen. Lorbeerblatt entfernen.
3 Für die Nudeln in einem großen Topf Wasser und Öl aufkochen. Spaghetti 10 bis 12 Min. *al dente* kochen. Abgießen, unter warmem Wasser abspülen, und abtropfen lassen. Fleischklößchen und Sauce über die Spaghetti geben, und alles mit geriebenem Parmesankäse servieren.

> **TIP**
> Weiche Semmelbrösel stellt man selbst her, indem man Brotscheiben in einer Küchenmaschine fein zerkleinert. Oder man reibt altes Brot auf einer feinen Reibe.

Chili-Schweinepfanne mit Penne

Chili-Schweinepfanne mit Penne

Zubereitungszeit: 15 Min.
Kochzeit: 35 Min.
Für 4 Personen

1 EL Öl
350 g Penne (siehe S. 8)
Parmesankäse zum
   Servieren
Sauce
150 g Bauchstück vom
   Schwein, in Streifen
   geschnitten
1 gehackte Zwiebel
2 zerdrückte
   Knoblauchzehen
$1/2$ frischer oder getrockneter Chilli oder $1/2$ TL
   Cayennepfeffer
425-g-Dose gehackte
   Tomaten

1 Für die Sauce Schweinefleisch in der Pfanne im eigenen Fett durchbraten. Überschüssiges Fett abgießen. Zwiebel und Knoblauch dazugeben. Samen aus den Chilischoten entfernen, und Fruchtfleisch fein hacken. Chillies und gehackte Tomaten in die Pfanne geben. Unbedeckt 15 bis 20 Min. köcheln lassen.
2 Für die Nudeln in einem großen Topf Wasser und Öl aufkochen. Penne hineingeben und 10 bis 12 Min. *al dente* kochen. Abgießen, unter warmem Wasser abspülen, und abtropfen lassen.
3 Nudeln auf einen gewärmten Teller geben, Sauce darüber löffeln und mit Parmesankäse bestreuen.

Perfekte Pasta

Rindfleischragout mit Rigatoni (links) und Nudeln mit schneller Fleischsauce (rechts)

Rindfleischragout mit Rigatoni

Zubereitungszeit: 25 Min.
Kochzeit: 1 1/2 Std.
Für 6 Personen

2 EL Öl
750 g rundes oder Oberschalensteak, in 2 cm große Würfel geschnitten
2 Zwiebeln in Scheiben
1 zerdrückte Knoblauchzehe
200 ml Rinderbrühe (Instant)
2 Zweige frische Petersilie
1 Lorbeerblatt
1 Zweig Thymian
250 ml pürierte Tomaten oder Tomatensaft
Prise schwarzer Pfeffer
2 Möhren in Scheiben
250 g Rigatoni
gehackte frische Petersilie zum Garnieren

1 Fleisch, Zwiebeln und Knoblauch in Öl anbraten, bis das Fleisch gebräunt ist. Überschüssiges Fett abgießen.
2 4 EL Rinderbrühe sowie die zu einem kleinen Strauß zusammengebundenen Kräuter dazugeben. Zugedeckt 30 Min. köcheln lassen. Hälfte der restlichen Brühe mit Tomaten und Möhren dazugeben, und mit Pfeffer abschmecken. Alles gut verrühren.
3 Zugedeckt weitere 30 Min. köcheln lassen. Rest der Brühe unterrühren und aufkochen. Nudeln zugeben, und zugedeckt 10 Min. kochen lassen.
4 Deckel abnehmen, und Nudeln ziemlich weich kochen. Kräuterstrauß herausnehmen. Das Fleisch und die Nudeln mit gehackter Petersilie bestreuen.

Tip
Es ist sehr viel leichter, noch halbgefrorenes Fleisch in Würfel oder Scheiben zu schneiden, als aufgetautes oder frisches Fleisch.

Nudeln mit schneller Fleischsauce

Zubereitungszeit: 15 Min.
Kochzeit: 45 Min.
Für 4 Personen

1 EL Öl
375 g Spaghetti
geriebener Parmesankäse

Sauce
1 EL Öl
1 kleine, geriebene Zwiebel
1 zerdrückte Knoblauchzehe
500 g Steakhack
½ TL gehackte frische oder ¼ TL getrocknete Oreganoblätter
35-g-Päckchen Spaghetti-Saucenmischung
450 ml Wasser
140-g-Dose Tomatenmark
Prise Pfeffer

1 Für die Sauce Öl in einer Pfanne erhitzen. Zwiebel, Knoblauch und Fleisch hineingeben. Bei großer Hitze gut bräunen. Mit Löffelrücken zerkleinern. Oregano, Saucenmischung, Wasser und Tomatenmark dazugeben, und mit Pfeffer abschmecken. Aufkochen, zudecken und 15 Min. köcheln lassen.
2 Für die Nudeln in einem großen Topf Wasser und Öl aufkochen. Spaghetti hineingeben und 10 bis 12 Min. *al dente* kochen. Abgießen, unter warmem Wasser abspülen, und abtropfen lassen.
3 Spaghetti auf vorgewärmte Teller geben. Sauce darüber verteilen und mit Parmesankäse bestreuen.

Rinderpfanne

Zubereitungszeit: 15 Min.
Koch- und Backzeit:
1 Std. 10 Min.
Für 6 Personen

30 g Butter
650 g mageres Rinderhack
1 kleine feingehackte Zwiebel
440-g-Dose geschälte, gehackte Tomaten
2 Selleriestangen in Scheiben
200 g Pilze in Scheiben
2 EL Tomatenmark
3 TL frische oder 1 TL getrocknete Oregano- oder Basilikumblätter
Prise schwarzer Pfeffer
375 ml Wasser
1 kleine grüne Paprikaschote, entkernt und in kurze, breite Streifen geschnitten
1 kleine rote Paprikaschote, entkernt und in kurze, breite Streifen geschnitten
500 g Penne (siehe S. 8)
4 EL geriebener Parmesankäse

1 Butter in einer großen Bratpfanne erhitzen, Hackfleisch und Zwiebeln darin bräunen. Tomaten mit Flüssigkeit, Sellerie, Pilze, Tomatenmark und Oregano dazugeben, mit Pfeffer abschmecken. Pfanne zudecken und 20 Min. köcheln lassen.
2 Wasser, Paprikaschoten und Penne einrühren; Aufkochen lassen. Mischung in eine Auflaufform geben und mit Käse bestreuen. Im vorgeheizten Backofen bei 180 °C 40 Min. backen, bis Penne und Fleisch gar sind.

Rinderpfanne

Burmesische Nudeln

Burmesische Nudeln

Zubereitungszeit: 30 Min.
Kochzeit: 20 Min.
Für 4 Personen

*325 g chinesische
  Eiernudeln
1 doppelte Hühnerbrust
  ohne Haut und Knochen
3 EL Öl
3 Zwiebeln in Scheiben
3 zerdrückte
  Knoblauchzehen
2 EL Sojasauce
1 Stange Sellerie, in dünnen
  Scheiben
2 Becher weißer Chinakohl
  in groben Stücken
500 g Fleisch von Garnelen
Prise schwarzer Pfeffer*

1 Kochendes Wasser über Nudeln gießen und 10 Min. ziehen lassen. Nudeln in Topf mit kochendem Wasser geben und etwa 3 Min. *al dente* kochen. Abgießen, über zwei Lagen Küchen-

Scharfe Nudeln

Zubereitungszeit: 20 Min.
Kochzeit: 20 Min.
Für 6 Personen

1 EL Öl
500 g Penne (siehe S. 8)
geriebener Parmesankäse
(nach Wunsch)

Sauce
1 EL Öl
1 große Zwiebel, in Scheiben
1 zerdrückte Knoblauchzehe
2 Stangen Kabanossi, in
 Scheiben
4 Pilze, in Scheiben
400-g-Dose Artischocken,
 abgetropft und halbiert
425-g-Dose gehackte
 Tomaten
10 schwarze Oliven, in
 Scheiben
2 TL gehackte frische
 Chilischoten
1/2 TL getrocknete
 Basilikumblätter
Prise schwarzer Pfeffer

papier auf einem Gitterrost verteilen und zum Kühlen beiseite stellen.
2 Hühnerfleisch in kurze Streifen schneiden. Zwiebeln und Knoblauch in Öl dünsten, bis Zwiebeln weich sind. Hühnerstreifen dazugeben und 2 bis 3 Min. unter Rühren kurz anbraten. Sojasauce einrühren. Zudecken und leicht kochen, bis die Hühnerstücke weich sind. Sellerie und Kohl dazugeben und weitere 3 bis 4 Min. kochen.
3 Garnelen dazugeben, und alles mit Pfeffer abschmecken; rund 2 Min. weiterkochen, bis alles gar ist. Mischung aus der Pfanne nehmen und warm stellen. Nudeln in die Pfanne geben und behutsam etwa 3 Min. verrühren. Auf eine vorgewärmte Servierplatte geben, und Hühnermischung darüber verteilen.

1 Für die Nudeln in einem großen Topf Wasser und Öl aufkochen. Nudeln hineingeben und 10 bis 12 Min. *al dente* kochen. Abgießen, unter warmem Wasser abspülen, und abtropfen lassen.
2 Für die Sauce Zwiebeln und Knoblauch in Öl dünsten, bis Zwiebeln weich sind. Kabanossi und Pilze dazugeben. 5 Min. kochen. Die restlichen Zutaten dazugeben, und leicht köcheln lassen, bis alles erwärmt ist. Wenn die Flüssigkeit verkocht ist, mit etwas Wasser oder Rotwein aufgießen.
3 Nudeln auf einen Teller geben, und die Sauce darüber verteilen. Mit Salat und knusprigem Brot servieren. Nudeln je nach Geschmack mit etwas Parmesankäse bestreuen.

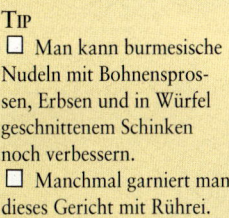

TIP
☐ Man kann burmesische Nudeln mit Bohnensprossen, Erbsen und in Würfel geschnittenem Schinken noch verbessern.
☐ Manchmal garniert man dieses Gericht mit Rührei. Kurz vor dem Servieren 2 bis 3 Eier in die gleiche Pfanne rühren, bis sie stocken, in Streifen schneiden und über die Nudeln verteilen.

Scharfe Nudeln

Hühnerbällchen in Tomatensauce

Zubereitungszeit: 30 Min.
Kochzeit: 45 Min.
Für 6 Personen

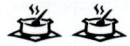

5 EL Öl
500 g Hörnchennudeln

Hühnerbällchen
500 g Hühnerhack
2 gehackte Zwiebeln
je ¼ TL getrocknete
  Oregano- und
  Thymianblätter
3 EL trockene
  Semmelbrösel
1 Ei, geschlagen

Sauce
1 gehackte Zwiebel
2 Tomaten, geschält und
  gehackt
250 ml pürierte Tomaten
250 ml Wasser
1 Würfel Hühnerbrühe
1 EL Rotweinessig
1 TL brauner Zucker
½ TL Chilipulver
Prise schwarzer Pfeffer
2 TL Maismehl, *vermischt
  mit 1 TL kaltem Wasser*

1 Für Hühnerbällchen alle Zutaten zusammen in eine Schüssel geben und gut vermischen. Mit den nassen Händen zu walnußgroßen Bällchen formen.
2 3 EL Öl in einer großen Bratpfanne erhitzen. Bällchen portionsweise hineingeben und goldgelb braten. Auf Küchenpapier abtropfen lassen. Nachdem alle Bällchen gebraten sind, beiseite stellen.

3 Für die Sauce Zwiebel in 1 EL Öl weich dünsten. Restliche Zutaten außer Maismehlmischung dazugeben. 10 Min. köcheln lassen. Maismehlmischung unter die Sauce rühren. Unter ständigem Rühren aufkochen. 3 Min. köcheln lassen.
4 Für die Nudeln in einem großen Topf Wasser und 1 EL Öl zum Kochen bringen. Nudeln hineingeben und 10 Min. *al dente* kochen. Abgießen, unter warmem Wasser abspülen, und abtropfen lassen. Fleischbällchen und Sauce auf die Nudeln geben und sofort servieren.

> **TIP**
> Fleischbällchen können auch gegrillt oder im Ofen gebacken werden.

Herzhafte Mahlzeiten

Hühnerbällchen in Tomatensauce

Pasta mit Fisch und Meeresfrüchten

Tagliatelle im Schnellverfahren

Pasta mit Fisch und Meeresfrüchten

Kaviar, Sardellen, frischer Fisch, Meeresfrüchte und auch Fisch aus Konserven ergeben, mit anderen würzigen Zutaten kombiniert, köstliche Saucen, die hervorragend schmecken, wenn sie über eine Schüssel heißer Nudeln gegossen werden. Frische Kräuter und schwarzer Pfeffer sind zum Würzen dem Parmesankäse vorzuziehen, der nicht so gut zu Nudelgerichten mit Fisch paßt. Fisch oder Meeresfrüchte sollte man nicht zu lange kochen, sonst werden sie zäh und sehr trocken. Sie sollten bißfest gekocht und sofort serviert werden.

Tagliatelle im Schnellverfahren

Zubereitungszeit:
 5 Min.
Kochzeit: 8 Min.
Für 4 Personen

1 EL Öl
350 g grüne Tagliatelle (siehe S. 8)
185-g-Dose Thunfisch in Salzlake, abgetropft und in Stücken
90 g zerlassene Butter
4 EL gehackte frische Petersilie
1 EL gehackte frische gemischte Kräuter oder
 1 TL getrocknete Krätuermischung
2 zerdrückte Knoblauchzehen
Prise schwarzer Pfeffer

1 In einem großen Topf Wasser und Öl aufkochen. Nudeln hineingeben und 6 bis 8 Min. *al dente* kochen. Abgießen, unter warmem Wasser abspülen, und abtropfen lassen.
2 Restliche Zutaten dazugeben und gründlich mengen. Sofort auf vorgewärmten Tellern servieren.

Tagliatelle mit Kaviar

Zubereitungszeit:
 10 Min.
Kochzeit: 8 Min.
Für 6 Personen

1 EL Öl
500 g grüne oder weiße Tagliatelle (siehe S. 8)
90 g Butter
Prise schwarzer Pfeffer
300 g saure Sahne
50 g schwarzer Kaviar
50 g roter Kaviar

1 In einem großen Topf Wasser und Öl aufkochen. Nudeln hineingeben und 6 bis 8 Min. *al dente* kochen. Abgießen, unter warmem Wasser abspülen, und abtropfen lassen. Butter und Pfeffer dazugeben, und alles gut durchrühren.
2 Zum Servieren auf jedem Teller eine Portion Nudeln anordnen, darüber großzügig die saure Sahne und den Kaviar verteilen.

Tagliatelle mit Kaviar

Pasta mit Muscheln

Zubereitungszeit:
  25 Min.
Kochzeit:
  30 Min.
Für 4 Personen

1 EL Öl
350 g Farfalle
  (Schmetterlingsnudeln)
1 EL saure Sahne (nach
  Wunsch)
Spritzer Zitronensaft
knuspriges Brot zum
  Servieren

Sauce
1 kg frische Muscheln in der
  Schale
1 große, gehackte braune
  Zwiebel
200 ml trockener Rotwein
2 EL Olivenöl
30 g Butter
125 g Champignons in
  Scheiben
2–3 zerdrückte
  Knoblauchzehen
2 x 425-g-Dose gehackte
  Tomaten, nicht abgetropft
1 EL Tomatenmark
2 EL gehackte frische oder
  2 TL getrocknete
  Basilikumblätter
2 EL gehackte frische
  Petersilie
1 zerdrücktes Lorbeerblatt
Prise Pfeffer

1. Byssusfäden von den Muscheln entfernen.

2. Muscheln, halbe Zwiebel und Wein 5 Min. köcheln lassen.

3. Nicht abgetropfte Tomaten zur Mischung geben und köcheln lassen.

4. Gekochte Nudeln mit Sauce vermischen und auch die Muscheln wieder dazugeben.

Pasta mit Fisch und Meeresfrüchten

1 Byssusfäden von den Muscheln entfernen, und Muscheln unter kaltem Wasser gut mit einer harten Bürste schrubben, bis der Sand entfernt ist. Muscheln mit geöffneten Schalen oder solche, die sich nicht schließen, wenn sie einen kräftigen Schlag erhalten, fortwerfen.

2 Für die Sauce Muscheln, halbe Zwiebel und Wein in einen großen Topf geben. Aufkochen und etwa 5 Min. köcheln lassen, bis sich die Muscheln öffnen. Die Muscheln in ein Sieb schütten und die Flüßigkeit auffangen. Verschlossene Muscheln fortwerfen.

3 Im selben Topf Öl und Butter erwärmen. Restliche Zwiebel mit Pilzen und Knoblauch hineingeben. Zudecken und leicht dünsten, bis die Zwiebel weich ist. Tomaten, Muschelflüssigkeit, Tomatenmark und Kräuter dazugeben und mit Pfeffer abschmecken. Ohne Deckel köcheln lassen, hin und wieder umrühren, bis sich die Mischung zu einer Sauce verdickt hat.

4 Für die Nudeln in einem großen Topf Wasser und Öl aufkochen, Nudeln dazugeben, und 8 bis 10 Min. *al dente* kochen. Abgießen, unter warmem Wasser abspülen, und abtropfen lassen. In den Topf zurückgeben. Sauce und Muscheln dazugeben, und alles gut durchwärmen. Kurz vor dem Servieren saure Sahne unterziehen, und mit Zitronensaft abschmecken. Mit knusprigem Brot servieren.

5. Pasta mit Muscheln kochend heiß servieren.

Perfekte Pasta

Sizilianische Spaghetti und Pasta Marinara

Sizilianische Spaghetti

Zubereitungszeit: 10 Min.
Kochzeit: 17 Min.
Für 4 Personen

1 EL Öl
500 g Spaghetti
3 EL gehackte frische
  Petersilie
geriebener Parmesankäse
  zum Servieren

Sauce
45-g-Dose Sardellenfilets
2 EL Olivenöl
2 zerdrückte
  Knoblauchzehen
2 EL feine, trockene
  Semmelbrösel
Prise schwarzer Pfeffer

1 Für die Nudeln in einem großen Topf Wasser und Öl aufkochen. Spaghetti hineingeben und 10 bis 12 Min. *al dente* kochen. Abgießen, unter warmem Wasser abspülen, und abtropfen lassen. In eine vorgewärmte Servierschüssel geben.
2 Für die Sauce Sardellenfilets abtropfen lassen und zerkleinern. Knoblauch in Öl weich dünsten. Sardellen dazugeben und unter Rühren 2 Min. anbraten. Semmelbrösel einrühren, mit Pfeffer abschmecken und wieder erwärmen.
3 Sauce über Spaghetti geben, und alles leicht durchrühren. Mit viel Petersilie bestreuen. Geriebenen Parmesankäse dazu stellen.

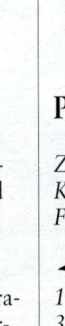

Pasta Marinara

Zubereitungszeit: 15 Min.
Kochzeit: 35 Min.
Für 4 Personen

1 EL Öl
350 g Spaghetti

Sauce
1 EL Öl
2 sehr feingehackte
  Zwiebeln
2 zerdrückte
  Knoblauchzehen

425-g-Dose pürierte
  Tomaten
1 kleine Möhre, grob-
  gerieben
3 EL gehackte Sellerie
250 ml Rotwein
1 TL gehackte frische oder
  1/2 TL getrocknete
  Basilikumblätter
Prise schwarzer Pfeffer
1 1/2 Becher verschiedene
  ungekochte Meeresfrüchte
  (z. B. Garnelen, Muscheln
  oder Krabbenfleisch)

1 Für die Sauce Zwiebeln in Öl leicht weich dünsten. Knoblauch dazugeben, und weitere 1 bis 2 Min. dünsten. Tomaten, Möhre, Sellerie und Wein dazugeben. Umrühren, bis die Mischung kocht, und 15 Min. köcheln lassen.
2 Für die Nudeln in einem großen Topf Wasser und Öl aufkochen. Spaghetti hineingeben, und 10 bis 12 Min. *al dente* kochen. Abgießen, unter warmem Wasser abspülen, und abtropfen lassen. Spaghetti in eine vorgewärmte Servierplatte geben.
3 Basilikum in die Sauce geben, mit Pfeffer abschmecken und Meeresfrüchte hinzufügen. Erneut 1 bis 2 Min. erhitzen, bis die Meerestiere gar sind. Zu den Spaghetti geben, und leicht vermengen.

Vermicelli Royale

Zubereitungszeit: 10 Min.
Kochzeit: 12 Min.
Für 2 Personen

1 EL Öl
225 g Vermicelli (dünne
  Weizenspaghetti)

Sauce
150 g Sahne
2 EL gehackte Schalotten
  oder Frühlingszwiebeln,
  nur den weißen Teil
je 1 Prise Paprika und
  Pfeffer
60 g Räucherlachs, in feinen
  Streifen

Zum Garnieren
2 TL Rogen vom Lachs
  oder einem anderen Fisch
frische Petersilienstengel

1 Für die Nudeln in einem großen Topf Wasser und Öl aufkochen. Vermicelli hineingeben und 4 bis 5 Min. *al dente* kochen. Abgießen, unter warmem Wasser abspülen, und abtropfen lassen. Warm stellen.
2 Für die Sauce in einer kleinen Pfanne Sahne und Schalotten vermischen. Aufkochen, Hitze verringern, und 5 Min. köcheln lassen. Mit den Gewürzen abschmecken.
3 Nudeln auf Tellern anordnen. Lachs unter die Sahnemischung rühren und über die Nudeln geben. Mit Rogen und Petersilie garnieren. Sofort servieren.

Vermicelli Royale

Perfekte Pasta

Makkaronipizza

Makkaronipizza

Zubereitungszeit: 20 Min. +
  30 Min. zum Weichen
Kochzeit: 50 Min.
Für 6 Personen

1 EL Öl
350 g Hörnchennudeln
90 g Sardellen aus der Dose
Milch
185 g Schweizer Käse, in
  Scheiben
2 Tomaten, in Scheiben
2 TL gehackte frische oder
  1 TL getrocknete Basilikumblätter zum Garnieren

Sauce
2 EL Öl
1 sehr feingehackte Zwiebel
1 zerdrückte Knoblauchzehe
425-g-Dose geschälte
  Tomaten

1 TL gehacktes frisches
  oder 1/2 TL getrocknetes
  Basilikum
1 EL Tomatenmark

1 Für die Nudeln in einem großen Topf Wasser und Öl aufkochen. Makkaroni hineingeben und 8 bis 10 Min. *al dente* kochen. Abgießen, unter warmem Wasser abspülen, und abtropfen lassen. Sardellen abgießen. 30 Min. in einer Schüssel Milch weichen, dann abgießen.
2 Für die Sauce Zwiebel in Öl goldgelb dünsten. Knoblauch, nicht abgetropfte, gehackte Tomaten, Basilikum und Tomatenmark dazugeben. Zudecken und unter gelegentlichem Rühren etwa 20 Min. köcheln lassen. Vom Feuer nehmen.

3 Flache, etwa 25 x 28 cm große Auflaufform einfetten. Hälfte der gekochten Nudeln darin verteilen. Sauce löffelweise darübergeben, und mit den restlichen gekochten bedecken. Käsescheiben darauf verteilen, und darüber Sardellen gitterartig anordnen. In jedes Gitterquadrat eine Tomatenscheibe geben, und mit Basilikum bestreuen.
4 Bei 190 °C 15 bis 20 Min. backen, bis der Käse geschmolzen ist.

Nudeln auf balinesische Art

Zubereitungszeit: 20 Min.
Kochzeit: 20 Min.
Für 6 Personen

4 EL Pflanzenöl
500 g Capellini-Eiernudeln
2 große Zwiebeln, in feinen Scheiben
2 Stangen Sellerie, in feinen Scheiben
1 grüne Paprikaschote, in feinen Scheiben
1 rote Paprikaschote, in feinen Scheiben
1–2 scharfe Chilis, in feinen Scheiben
3 EL Sojasauce
3 EL trockener Sherrywein oder Fischbrühe
Öl zum Fritieren
2 große Zwiebeln, in feinen Scheiben
500 g Garnelen, gekocht und geschält (Schwanz dranlassen)

1 Für die Nudeln in einem großen Topf Wasser und 1 EL Öl aufkochen. Eiernudeln hineingeben und 4 bis 5 Min. *al dente* kochen. Abgießen, unter warmem Wasser abspülen, und abtropfen lassen. Warm stellen.
2 Restliche 3 EL Öl in einer großen Bratpfanne erhitzen. Gemüse dazugeben und unter häufigem Rühren garen. Sojasauce und trockenen Sherry dazugeben. Heiße Nudeln zu der Sauce geben, und unter ständigem Rühren kochen, bis alles gut vermischt und erwärmt ist.
3 Die restlichen Zwiebeln im Öl braun und knusprig fritieren. Garnelen dazugeben und durchwärmen. Nudeln auf eine vorgewärmten Teller geben und mit Garnelen und Zwiebeln garnieren.

Nudeln auf balinesische Art

PERFEKTE PASTA

PASTA MIT SAHNE UND KÄSE

Nudeln mit Sahne, Butter und Käse serviert

Pasta mit Sahne und Käse

Das zarte Aroma von frischem Käse, Sahne und Milch läßt sich mit Hartkäse mit sehr starkem Aroma mit zu köstlichen Nudelsaucen kombinieren, die man problemlos zubereiten kann.

Verfeinern Sie Ihre Saucen mit etwas Eigelb oder einem Stück Butter und etwas Gewürzen, und schon haben Sie eine königliche Mahlzeit.

Butternudeln

*Zubereitungszeit: 5 Min.
Kochzeit: 12 Min.
Für 6 Personen*

1 EL Öl
500 g Fettuccine (siehe S. 8)
60 g Butter
150 g Sahne
100 g geriebener
   Parmesankäse
Prise schwarzer Pfeffer

1 Für die Nudeln in einem großen Topf Wasser und Öl aufkochen. Fettuccine hineingeben und 6 bis 8 Min. al dente kochen. Abgießen, unter warmem Wasser abspülen, und abtropfen lassen. In eine vorgewärmte Servierschüssel geben.
2 Butter in einer Pfanne bei niedriger Hitze zerlassen. Sahne, Parmesan und Pfeffer einrühren und langsam erwärmen. Buttersauce über Nudeln gießen, gut durchrühren und sofort servieren.

Nudelauflauf

*Zubereitungszeit: 10 Min.
Backen: 35 Min.
Für 6 Personen*

2½ Becher gekochte
   Eiernudeln
150 g Hüttenkäse
150 g saure Sahne
½ Becher Schalotten in
   Scheiben
500 ml »reichhaltige
   Fleischsauce« (siehe
   Rezept S. 11)
kleingeschnittener Schnittlauch
75 g grobgeriebener
   Hartkäse
   (Greyerzer- oder
   Emmentaler-Käse)

1 Nudeln, Hüttenkäse, saure Sahne und Schalotten vermischen. Nachdem alles gründlich vermengt ist, Mischung in eine eingefettete flache Auflaufform geben.
2 Fleischsauce darübergießen, mit Schnittlauch und geriebenem Käse bestreuen. Bei 180 °C etwa 35 Min. backen, bis sich eine goldbraune Kruste bildet.

> **Tip**
> Selbstgemachte saure Sahne: zu 150 g Sahne 1 TL Essig geben.

Nudelauflauf

Perfekte Pasta

Im Uhrzeigersinn von links: Spaghetti Creole, Tagliatelle mit Blauschimmelkäsesauce und Spaghetti alla Carbonara

Spaghetti Creole

Zubereitungszeit: 15 Min.
Kochzeit: 30 Min.
Für 6 Personen

1 EL Öl
500 g Spaghetti
gehackte frische Petersilie zum Garnieren

Sauce
60 g Butter
500 g Fleisch von Garnelen
100 ml Weißwein
425-g-Dose geschälte, zerdrückte Tomaten
Prise schwarzer Pfeffer
2 TL Currypulver
300 g Sahne
2 EL geriebener Parmesankäse

1 Für die Sauce Garnelen in Butter rosa dünsten, aus der Pfanne heben und beiseite stellen. Wein, Tomaten, Gewürze, Sahne und Käse in die Pfanne geben. 10 Min. köcheln lassen.
2 Für die Nudeln in einem großen Topf Wasser und Öl aufkochen. Spaghetti 10 bis 12 Min. *al dente* kochen.

Abgießen, unter warmem Wasser abspülen, und abtropfen lassen. In den Topf zurückgeben. Garnelensauce darübergießen. Bei niedriger Hitze 1 bis 2 Min. gut verrühren. Mit Petersilie garniert servieren.

> **TIP**
> Bekommt man keine gesäuberten Garnelen, dann mit einem scharfen Messer am Rücken entlangschneiden, um die Vene zu entfernen.

Spaghetti alla Carbonara

Zubereitungszeit: 10 Min.
Kochzeit: 15 Min.
Für 6 Personen

1 EL Öl
500 g Spaghetti
gehackter frischer
  Schnittlauch oder
  Petersilie zum Garnieren

Sauce
1 TL Butter
4 gehackte Speckstreifen
  ohne Schwarte
300 g Sahne

4 Eigelb
2 EL geriebener
  Parmesankäse
Gewürze zum Abschmecken

1 Für die Sauce Butter in einer Pfanne erhitzen und Speck bräunen. Gesamte Sahne auf einmal dazugeben und zum Kochen bringen. 2 Min. köcheln lassen. Vom Feuer nehmen und Eigelb, Käse und Gewürze darunterrühren. Beiseite stellen.
2 Für die Nudeln in einem großen Topf Wasser und Öl aufkochen. Spaghetti 10 bis 12 Min. *al dente* kochen. Abgießen, unter warmem Wasser abspülen, und abtropfen lassen.
3 Sauce über Nudeln gießen und gut verrühren. Mit Schnittlauch garnieren, und auf vorgewärmter Teller anrichten.

Tagliatelle mit Blauschimmelkäsesauce

Zubereitungszeit: 10 Min.
Kochzeit: 20 Min.
Für 6 Personen

1 EL Öl
500 g weiße oder grüne
  Tagliatelle (siehe S. 8)
2–3 EL geriebener
  Parmesankäse

gehackte frische Petersilie
  zum Garnieren

Sauce
30 g Butter
2 Zucchini in Scheiben
1 zerdrückte Knoblauchzehe
100 ml Weißwein
100 g zerkrümelter
  Blauschimmelkäse
300 g Sahne
Prise schwarzer Pfeffer

1 Für die Sauce Zucchini und Knoblauch in Butter dünsten, bis Zucchini weich sind. Wein, Käse und Sahne einrühren und mit Pfeffer abschmecken. 10 Min. köcheln lassen.
2 Für die Nudeln in einem großen Topf Wasser und Öl aufkochen. Tagliatelle 6 bis 8 Min. *al dente* kochen. Abgießen, unter warmem Wasser abspülen, und abtropfen lassen.
3 Nudeln in den Topf zurückgeben und Sauce darübergießen. Bei niedriger Hitze Nudeln ein paar Min. durchrühren. Mit Parmesan und Petersilie bestreut servieren.

> **TIP**
> Frische Kräuter verleihen einer Sauce ein kräftigeres Aroma als getrocknete. Von daher ist es zu empfehlen, sie bevorzugt zu verwenden. Man sollte getrocknete durch die dreifache Menge frischer Kräuter ersetzen, das heißt, 1 TL getrockneter Kräuter entspricht 3 TL frischer Kräuter.

Nudelauflauf mit Eiern und Pilzen

Nudelauflauf mit Eiern und Pilzen

*Zubereitungszeit:
  20 Min.
Kochzeit und Backzeit:
  35 Min.
Für 4 Personen*

*1 EL Öl
350 g Hörnchennudeln
1 Zwiebel, in Scheiben*

Sauce
*45 g Butter
2 EL Mehl
375 ml Milch
Prise Cayennepfeffer*

*4 EL geriebener würziger
  Greyerzer- oder
  Emmentaler-Käse
125 g kleine Pilze, in
  Scheiben
4 hartgekochte Eier
45 g frische Semmelbrösel
60 g zerlassene Butter*

1 Für die Nudeln in einem großen Topf Wasser und Öl aufkochen. Nudeln und Zwiebeln hineingeben, und 8 bis 10 Min. *al dente* kochen. Abgießen, unter warmem Wasser abspülen, und abtropfen lassen.
2 Für die Sauce Butter in einer Pfanne schmelzen.

Mehl dazugeben und 1 bis 2 Min. rühren, bis die Mischung aufkocht. Pfeffer und Käse unterrühren und weitere 1 bis 2 Min. kochen, bis der Käse schmilzt. Pilze in etwas Butter weich dünsten. Hörnchennudeln mit Pilzen unter die Sauce mischen.
3 Die Hälfte der Nudeln in eine eingefettete flache Auflaufform geben.
  Die Eier der Länge nach halbieren und mit der Schnittseite nach unten auf die Nudeln legen.
  Darüber die restlichen Nudeln verteilen.

Pasta mit Sahne und Käse

4 Semmelbrösel in der zerlassenen Butter verrühren, bis sie gut damit bedeckt sind, dann über Nudeln verteilen. Bei 190 °C etwa 15 Min. backen.

> **Tip**
> Statt Cayennepfeffer kann man frisches Chilipulver verwenden.

Spinat-Gnocchi

Zubereitungszeit: 40 Min.
Koch- und Backzeit:
  45 Min.
Für 4 Personen

Gnocchi sind kleine würzige Teigwaren, die in Italien früher einmal Ravioli genannt wurden. Obwohl sie, streng betrachtet, eigentlich nicht zu den Nudeln gehören, führen italienische Restaurants sie dennoch unter den Nudelgerichten. Im allgemeinen werden sie aus Kartoffeln zubereitet und kommen mit zerlassener Butter, geriebenem Käse oder einer Tomaten- oder Sahnesauce oder mit Hühnerleber auf den Tisch.

750 g frischer Spinat, geputz* und sehr feingehack*
400 g Ricotta (Frischkäse)

Spinat-Gnocchi

2 Eier
100 g frischgeriebener
  Parmesankäse
Prise Pfeffer
Prise gemahlene Muskatnuß
etwas Mehl zum Ausrollen
90 g geschmolzene Butter

1 Spinat, Ricotta und Eier mit der Hälfte des Parmesankäses vermischen. Mit Pfeffer und Muskat abschmecken.
2 Mit leicht mehlbestäubten Händen Spinatmischung zu 5 cm großen Bällchen formen; leicht mit Mehl bestäuben, damit sie nicht zusammenkleben. Die Gnocchi auf Backpapier setzen, bis sie wieder benötigt werden.
3 Jeweils 3 bis 4 Gnocchi zusammen in einen Topf mit kochendem Wasser geben. Leicht kochen, bis sie nach oben steigen. Mit einem Sieblöffel herausheben, und kurz abtropfen lassen.
4 Gnocchi in einer eingefetteten flachen Auflaufform anordnen. Mit restlichem Parmesankäse bestreuen und geschmolzene Butter darüberträufeln. Bei 200 °C 15 Min. braun backen.

> **Tip**
> Beim Kochen von Gnocchi darauf achten, daß das Wasser nur leicht kocht – in sprudelnd kochendem Wasser lösen sich die Gnocchi unter Umständen auf.

Perfekte Pasta

Quiche im Nudelmantel (links) und Brokkolinudeln (rechts)

Quiche im Nudelmantel

*Zubereitungszeit: 25 Min.
Kochzeit und Backzeit:
  45 Min.
Für 4 Personen*

*325 g sehr dünne Spaghetti,
  in Stücke gebrochen*
2 EL Öl
*250 g Speck ohne Schwarte,
  in 5 cm große Stücke
  geschnitten*
1 gehackte Zwiebel
4 Eier
425 ml Milch
*125 g Schweizer Käse, in
  groben Stücken*
*50 g geriebener
  Parmesankäse*
*½ TL getrocknete
  Basilikumblätter*
*¼ TL Pfeffer
großzügige Prise geriebene
  Muskatnuß*

1 Für die Nudeln in einem großen Topf Wasser und 1 EL Öl aufkochen. Spaghetti 6 bis 8 Min. *al dente* kochen. Abgießen, unter kaltem Wasser abschrecken, und noch einmal abgießen. Die Nudeln auf dem Boden und an den Seiten einer mit Butter bestrichenen, 25 cm großen Auflaufform verteilen.

2 Speck im restlichen Öl knusprig braten; abtropfen und auf den Nudeln verteilen. Zwiebel etwa 3 Min. im Fett vom Speck dünsten. Über Speck und Nudeln streuen. Eier und Milch gut verrühren; Käse und Basilikum unterrühren und mit Pfeffer und Muskatnuß abschmecken. Alles zusammen in die Form gießen.
3 Bei 180 °C etwa 30 Min. braun backen. Quiche leicht abkühlen lassen, bevor sie zum Servieren in Stücke geschnitten wird.

Brokkolinudeln

Zubereitungszeit: 15 Min.
Kochzeit: 20 Min.
Für 6 Personen

1 EL Öl
500 g Spaghetti
3 Becher Brokkoliröschen
4 EL Schalotten, in Scheiben
250 g sehr kleine Tomaten, halbiert oder (nach Wunsch) geviertelt
3 EL gehackte, glatte Petersilie

Sauce
45 g Butter
1 EL Mehl
Prise Pfeffer
1/4 TL getrocknete Basilikumblätter
1/4 TL getrocknete Oreganoblätter
375 ml Milch
250 g Ricotta (Frischkäse)
125 g Mozzarellakäse in Würfeln

1 Für die Sauce Butter in einem Topf zerlassen. Mehl und Gewürze dazugeben und 2 bis 3 Min. unter Rühren andünsten. Mit Milch aufgießen und rühren, bis alles aufkocht und eindickt. Käse unterrühren, und bei niedriger Hitze verrühren, bis alles gründlich vermischt ist.
2 Für die Nudeln in einem großen Topf Wasser und Öl aufkochen. Spaghetti 10 bis 12 Min. *al dente* kochen. Abgießen, unter warmem Wasser abspülen, und abtropfen lassen. Brokkoli etwa 3 bis 4 Min. über dem kochenden Spaghettiwasser abbrühen, bis er bißfest ist.
3 Spaghetti mit Brokkoli, Schalotten und Tomaten verrühren. In eine vorgewärmte Schüssel geben, und heiße Sauce darübergießen. Mit Petersilie garnieren.

Nudeln mit Petersilie und Knoblauch

Zubereitungszeit: 20 Min.
Kochzeit: 8 Min.
Für 6 Personen

1 EL Öl
500 g Fettuccine (siehe S. 8)

Sauce
3 EL Weißwein
3 dicke Scheiben Weißbrot ohne Kruste
1 Becher gehackte frische Petersilie
3 zerdrückte Knoblauchzehen
1/4 TL schwarzer Pfeffer
125 ml Olivenöl

1 Für die Sauce Brot mit Wein besprenkeln und 10 Min. einziehen lassen; dann in Stücke brechen.
2 Petersilie, Knoblauch und Pfeffer vermischen und nach und nach Olivenöl dazugeben. Brot ebenfalls stückweise dazugeben. Alles so lange rühren, bis die Mischung glatt und dick ist. Beiseite stellen.
3 Für die Nudeln in einem großen Topf Wasser und Öl aufkochen. Fettuccine 6 bis 8 Min. *al dente* kochen. Abgießen, unter warmem Wasser abspülen und abtropfen lassen. Nudeln in eine vorgewärmte Servierschüssel geben, Sauce über die Nudeln gießen, und alles gut vermischen.

Nudeln mit Petersilie und Knoblauch

PERFEKTE PASTA

Pasta und Gemüse

Spaghetti Napoletana

Pasta und Gemüse

Kombiniert man die Vielseitigkeit von Nudeln mit der unendlichen Vielfalt von Gemüse, hat man die Grundlage für viele köstliche Gerichte. Die hier vorgestellten Kombinationen werden sowohl dem Vegetarier wie auch dem Nichtvegetarier schmecken.

Spaghetti Napoletana

Zubereitungszeit:
20 Min.
Kochzeit:
20 Min.
Für 4 Personen

1 EL Öl
500 g Spaghetti
geriebener Parmesan- oder
  Romanokäse zum
  Servieren

Sauce
2 EL Öl
1 Zwiebel in Scheiben
2 zerdrückte Knoblauchzehen
500 g Tomaten, geschält
  und grobgehackt
1 TL Zucker
1 Lorbeerblatt
Prise schwarzer Pfeffer
1 TL gehackte frische oder
$1/2$ TL getrocknete
  Basilikumblätter

1 Für die Nudeln in einem großen Topf Wasser und Öl aufkochen. Spaghetti 10 bis 12 Min. *al dente* kochen. Abgießen, unter warmem Wasser abspülen, und abtropfen lassen. Warmstellen.
2 Für die Sauce Zwiebel und Knoblauch in Öl behutsam weich dünsten. Tomaten, Zucker und Lorbeerblatt dazugeben und mit schwarzem Pfeffer abschmecken. Zudecken und köcheln lassen, bis die Tomaten sehr weich sind. Basilikum unterrühren und Lorbeerblatt herausnehmen.
3 Spaghetti in eine vorgewärmte Servierschüssel geben. Sauce darübergießen und leicht durchrühren. Käse getrennt auf den Tisch stellen.

Spaghetti mit Spinatsauce

Zubereitungszeit:
15 Min.
Kochzeit:
20 Min.
Für 4 Personen

1 EL Öl
500 g Spaghetti

Sauce
1 EL Öl
3 zerdrückte Knoblauchzehen
500 g tiefgefrorener Spinat,
  aufgetaut und abgetropft
90 g Pinienkerne oder
  gehackte Walnüsse
2 TL getrocknete
  Basilikumblätter
50 g geriebener Parmesankäse

1 Für die Nudeln in einem großen Topf Wasser und Öl aufkochen. Spaghetti 10 bis 12 Min. *al dente* kochen. Abgießen, unter warmem Wasser abspülen, und abtropfen lassen. Warm stellen.
2 Für die Sauce Knoblauch in Öl weich dünsten. Spinat, Nüsse, Basilikum und Käse dazugeben. Etwa 5 Min. kochen, bis alles erwärmt ist. Sauce löffelweise über die Spaghetti geben und dann servieren.

Spaghetti mit Spinatsauce

Lasagneröllchen mit Ricotta

Zubereitungszeit:
  45 Min.
Kochzeit und Backzeit:
  1 Std.
Für 6 Personen

1 EL Pflanzenöl
12 Lasagneplatten
500 g frischer Spinat, gewaschen und gehackt (oder tiefgefrorener Spinat, aufgetaut und sehr gut abgetropft)
225 g Ricotta (Frischkäse)
250 g Mozzarellakäse, in groben Stücken
1 großes Ei, leicht geschlagen
2 EL geriebener Parmesankäse
1/4 TL geriebene Muskatnuß
1/4 TL Pfeffer
60 g Butter
250 g frische, kleine geviertelte Pilze
450-g-Dose oder Glas italienische Sauce
125 ml Rotwein, Rinder- oder Hühnerbrühe
1/2 TL getrocknete Oreganoblätter
1/2 TL getrocknete Basilikumblätter
gehackte frische Petersilie zum Garnieren (nach Wunsch)

Lasagneröllchen mit Ricotta (links), Makkaroni Caprese (rechts)

1 Für die Nudeln in einem großen Topf Wasser und Öl aufkochen. Lasagneplatten 10 Min. *al dente* kochen. Abgießen, unter kaltem Wasser abschrecken. In eine Schüssel mit kaltem Wasser legen.

2 Frischen Spinat mit leicht köchelndem Wasser 5 bis 7 Min. in einem zugedeckten Topf abbrühen. Gut abtropfen lassen. (Wird tiefgefrorener Spinat verwendet, ihn nach dem Auftauen sehr gut abtropfen lassen, und überschüssige Feuchtigkeit mit Löffelrücken ausdrücken.) In einer Schüssel Spinat, Ricotta, halbe Menge Mozzarellakäse, Ei, Parmesankäse, Muskat und Pfeffer vermischen. Mischung beiseite stellen.

3 Butter in einer Pfanne zerlassen. Pilze bei hoher Hitze dünsten, bis sie leicht gedünstet sind. Vom Herd nehmen und abkühlen lassen. Italienische Sauce, Wein, Oregano und Basilikum vermischen. Hälfte der Mischung in eine Auflaufform geben. Teigplatten einzeln aus dem Wasser heben und auf Küchenpapier abtropfen lassen. Jede Teigplatte mit 3 TL der Käsemischung belegen. An das schmale Ende 3 bis 4 Pilzviertel legen und wie eine Biskuitrolle um die Pilze

Pasta und Gemüse

wickeln. Mit der »Naht« nach unten in die Form legen. Restliche Sauce über die Lasagnerollen verteilen. Form mit Alufolie oder einem Deckel verschließen.
4 Bei 180 °C 25 Min. backen. Alufolie abnehmen, und mit restlichem Mozzarellakäse bestreuen, in die Mitte eventuell übriggebliebene Pilze geben. Weitere 5 Min. backen, bis der Käse geschmolzen ist. Je nach Geschmack vor dem Servieren mit gehackter Petersilie bestreuen.

Makkaroni Caprese

Zubereitungszeit: 15 Min. + 1 Std. zum Ziehen
Kochzeit: 10 Min.
Für 6 Personen

Eine ungewöhnliche italienische Vorspeise: rohe Tomatensauce, mit Nudeln vermischt.

1 EL Öl
500 g Makkaroni
125 g Mozzarellakäse, in kleine Würfel geschnitten
geriebener Parmesankäse zum Servieren

Sauce
12 Eiertomaten oder 4 große Tomaten, in feinen Scheiben
3 zerdrückte Knoblauchzehen
1 rote Paprikaschote, in feinen Scheiben
1 EL gehackte frische Basilikumblätter
125 ml Olivenöl
Prise schwarzer Pfeffer

1 Für die Sauce Tomaten mit Knoblauch, Paprikaschote, Basilikum und Olivenöl in eine Schüssel geben und mit Pfeffer abschmecken. Abdecken, und 1 Std. bei Zimmertemperatur ziehen lassen.
2 Für die Nudeln in einem großen Topf Wasser und Öl aufkochen. Makkaroni 8 bis 10 Min. *al dente* kochen. Abgießen, unter warmem Wasser abspülen, und abtropfen lassen. In die noch heißen Nudeln erst Mozzarella, dann die Sauce geben, und alles gut verrühren. Dazu Parmesankäse in einer separaten Schale reichen.

Pasta Tomato Bocconcini (links) und Spiralnudeln mit Kartoffeln und Spinat (rechts)

Pasta Tomato Bocconcini

Zubereitungszeit: 10 Min.
Kochzeit: 10 Min.
Für 4 Personen

2 EL Olivenöl
325 g Rigati (dicke Röhrennudeln)

Tomato Bocconcini
4 reife Tomaten, geschält, entkernt und in grobe Stücke geschnitten
3 Bällchen frischer Mozzarellakäse (Bocconcini), fein gewürfelt
12 schwarze Oliven
$1/4$ TL getrocknete Oreganoblätter
1 EL frische oder $1/4$ TL getrocknete Basilikumblätter
Prise Pfeffer
2 EL Olivenöl

1 Für die Nudeln in einem

Pasta und Gemüse

großen Topf Wasser mit 1 EL Öl aufkochen. Rigati 8 bis 10 Min. *al dente* kochen. Abgießen, unter kaltem Wasser abschrecken, und noch einmal abgießen. 1 EL Olivenöl unterrühren, und abkühlen lassen.
2 Für Bocconcini: Tomaten, Mozzarella und Oliven in einer Schüssel vermischen. Kräuter dazugeben, und mit Pfeffer abschmecken. 2 EL Öl darüberträufeln, und alles leicht durchmengen.
3 Mischung über die kalte Nudeln geben und gut vermischen. Auf eisgekühlten Tellern auftragen.

> **TIP**
> Extra kalt gepreßtes Olivenöl ist für Nudelgerichte als aromatisches Öl am besten. Zum Kochen sollte man das weniger teure reine Olivenöl verwenden.

Spiralnudeln mit Kartoffeln und Spinat

Zubereitungszeit: 20 Min.
Kochzeit: 25 Min.
Für 4 Personen

3 EL Olivenöl
325 g F..'lli, (Spiralnudeln)
300 g neue Kartoffeln, geschält und in dicke

Scheiben geschnitten
1 zerdrückte Knoblauchzehe
2 getrocknete, fein zerdrückte rote Chilischoten
½ Bund frischer Spinat, geputzt, gewaschen und grobgehackt
Prise Pfeffer

1 Für die Nudeln in einem großen Topf Wasser und 1 EL Öl aufkochen. Nudeln 8 bis 10 Min. *al dente* kochen. Abgießen, unter warmem Wasser abspülen, und abtropfen lassen. Kartoffeln weich kochen. Abgießen und zu den Nudeln geben. In eine warme Servierschüssel füllen.
2 Knoblauch und Chilis im restlichen Öl 1 bis 2 Min. dünsten, bis der Knoblauch weich ist. Spinat dazugeben und bei hoher Hitze 2 bis 3 Min. dünsten, bis er zerfällt und weich ist.
3 Über die Nudelmischung gießen. Mit Pfeffer abschmecken und leicht umrühren.

> **TIP**
> Kartoffeln nicht schälen; dann sind sie ballaststoffreicher und schmecken kräftiger.

Mexikanisches Nudelgericht

Zubereitungszeit: 20 Min.
Kochzeit: 25 Min.
Für 6 Personen

20 g Butter
1 Zwiebel, in feinen Scheiben
1 rote Paprikaschote, in feinen Scheiben
3 Stangen Sellerie, in 2 cm große Stücke geschnitten
2 frische süße Maiskolben, in 2 cm große Stücke geschnitten
500 g Muschelnudeln
35-g-Päckchen Taco-Gewürzmischung
500 ml Wasser

1 Butter in Topf schmelzen. Zwiebel, Paprikaschote und Sellerie dazugeben, und 5 Min. dünsten.
2 Maisstücke, Nudeln, Gewürzmischung und Wasser dazugeben. Aufkochen, und 15 Min. kochen lassen, bis Nudeln und Mais gar sind.
3 Als warme Beilage zu Fleisch oder Geflügel reichen.

> **TIP**
> Mais in Blätterhülle kaufen, denn dadurch hält er sich länger frisch. Mais, der in Kunststoffolie eingewickelt ist, schwitzt und verliert dadurch Feuchtigkeit, so daß er schneller austrocknet.

Perfekte Pasta
Frische Nudelsalate

Mittelmeersalat (links) und Makkaronisalat (rechts)

Nudelsalate schmecken einfach köstlich. Zusammen mit weichem Fleisch wie Hühnchen oder Schinken oder aber mit knackigem Gemüse sorgt die weiche und doch feste Konsistenz von Teigwaren für Abwechslung. Die folgenden Rezepte eignen sich ausgezeichnet für Sommernächte im Garten oder für eine Grillparty.

Mittelmeersalat

Zubereitungszeit: 20 Min.
Kochzeit: 10 Min.
Für 6 Personen

Salat
3 EL Olivenöl
500 g Penne (siehe S. 8)
1 kleine rote Paprikaschote, entkernt und in feine Streifen geschnitten
90 g Peperonischoten, gehäutet und in ganz kleine Streifen geschnitten
1 grobgehackte Tomate
1 Becher Zucchini in groben Stücken
75 g Provolone- oder Emmentaler-Käse, in groben Stücken
1/2 Becher gehackte frische Petersilie
4 EL entkernte schwarze Oliven
4 EL feingehackte Zwiebeln

Vinaigrette
4–5 EL Olivenöl
1–2 EL roter Weinessig
1 zerdrückte Knoblauchzehe
2 EL gehackte frische oder
2 TL getrocknete Basilikumblätter
1/4 TL getrocknete Oreganoblätter
Prise schwarzer Pfeffer

1 Für den Salat in einem großen Topf Wasser und 1 EL Öl aufkochen. Penne 8 bis 10 Min. *al dente* kochen. Abgießen, unter kaltem Wasser abschrecken, und noch einmal abgießen. In eine große Schüssel füllen. Restliches Öl dazugeben, und gut verrühren. Übrige Salatzutaten hineingeben, alles leicht vermischen.
2 Für die Vinaigrette alle Zutaten und Gewürze gut verrühren. Über Salat gießen und verrühren. Zudecken und bis zum Servieren in den Kühlschrank stellen.

TIP
Paprikaschoten schmecken köstlich, wenn man sie vorher häutet. Der Länge nach durchschneiden, Samen herausschneiden und unter heißen Grill legen, bis die Haut Blasen wirft und schwarz wird. Haut abreiben.

Makkaronisalat

Zubereitungszeit: 15 Min.
Kochzeit: 10 Min.
Für 4 Personen

1 EL Öl
325 g kleine Muschelnudeln
Italienisches Dressing
450-g-Dose mit gemischten Bohnen
1/2 Becher gefüllte Oliven, in Scheiben
4 Stangen Sellerie, in Scheiben
1 weiße Zwiebel, gerieben
2 EL gehackte frische Petersilie

1 In einem großen Topf Wasser und Öl aufkochen. Muschelnudeln 8 bis 10 Min. *al dente* kochen. Abtropfen, unter kaltem Wasser abschrecken, und abtropfen lassen. In eine Schüssel füllen, so viel italienisches Dressing darübergeben, daß die Nudeln bedeckt sind, und leicht vermischen.
2 Bohnen abgießen, unter kaltem Wasser abspülen, und abtropfen lassen. Zusammen mit Oliven, Sellerie und der geriebenen Zwiebel zu den Nudeln geben. Noch etwas Dressing darüberträufeln, und durchrühren. Zudecken und in den Kühlschrank stellen. Vor dem Servieren mit gehackter Petersilie bestreuen.

Gartensalat mit Frankfurtern

Zubereitungszeit:
15 Min.
Kochzeit: 15 Min.
Für 4 Personen

1 EL Öl
325 g Penne, Ziti oder
 Spiralnudeln
1 kleiner Bund frischer
 Spargel, geputzt und in
 4 cm lange Stücke
 geschnitten
2–3 Frankfurter Würstchen,
 in Scheiben
2 Becher gekochtes
 Mischgemüse, z. B.
 Möhren, grüne Bohnen,
 Erbsen oder Mais
Eiermayonnaise
Prise schwarzer Pfeffer

1 Für die Nudeln in einem großen Topf Wasser und Öl aufkochen. Nudeln 8 bis 10 Min. *al dente* kochen. Abgießen, unter kaltem Wasser abschrecken, und abtropfen lassen.
2 In einem anderen großen Topf Spargel mit Frankfurter Würstchen in köchelndem Wasser kochen, bis der Spargel gar ist. Gut abtropfen lassen.
3 Nudeln und Spargel-Würstchen-Mischung mit gekochtem Gemüse in einer Servierschüssel vermengen. Mayonnaise dazugeben und mit Gewürzen abschmekken; gut umrühren, bis alle Zutaten gut vermischt sind. Je nach Geschmack bei Zimmertemperatur oder leicht gekühlt servieren.

Hühnchennudeln

Zubereitungszeit: 20 Min.
Kochzeit: 10 Min.
Für 6 Personen

Salat
1 EL Öl
500 g Makkaroni
3 Becher abgebrühtes
 Mischgemüse
2 Becher gekochtes
 Hühnchen, in Würfeln
200 g gewürfelter
 Emmentaler-Käse
2 Stangen Sellerie, in
 Scheiben

Dressing
125 ml Öl
4 EL Estragonessig
1/2 TL Zucker
1/2 TL getrocknete
 Majoranblätter
1/4 TL Senf
1/4 TL Pfeffer
2 EL gehackte frische
 Petersilie
2 EL gehackte Schalotten

1 Für den Salat in einem großen Topf Wasser und Öl aufkochen. Makkaroni 8 bis 10 Min. *al dente* kochen. Abgießen, unter kaltem Wasser abschrecken, und abtropfen lassen. Abkühlen. In eine Servierschüssel geben, und mit Gemüse, Hühnchen, Käse und Sellerie vermischen.
2 Für das Dressing Zutaten in ein Glas mit fest schließendem Deckel geben und kräftig schütteln, bis alles gut vermengt ist. Dressing über Makkaronimischung gießen und gut durchrühren. Vor dem Servieren mehrere Std. in den Kühlschrank stellen.

Schinkennudelsalat

Zubereitungszeit: 15 Min. + ziehen lassen
Kochzeit: 10 Min.
Für 6 Personen

Dressing
200 ml Olivenöl
3 EL roter Weinessig
1 1/2 EL Zitronensaft
2 EL gehackte frische oder
 1–2 TL getrocknete
 Basilikumblätter
1/2 TL Pfeffer

Salat
1 EL Öl
500 g Ziti oder Penne (siehe S. 8)
375 g Zucchini, in kurzen, dünnen Streifen
250 g Möhren, in kurzen, dünnen Streifen
185 g gekochter Schinken, in 1 cm großen Würfeln

1 Für das Dressing alle Zutaten im Mixer gut verquirlen, beiseite stellen.
2 Für den Salat in einem großen Topf Wasser und Öl aufkochen. Nudeln 8 bis 10 Min. *al dente* kochen. Abgießen, unter kaltem Wasser abschrecken, und noch einmal abgießen.
3 Dressing über warme Nudeln gießen und leicht durchrühren, bis alles gut vermischt ist. Abkühlen. In eine Servierschüssel geben, zudecken und über Nacht in

Frische Nudelsalate

den Kühlschrank stellen, damit sich der Geschmack entwickelt. (Ein- oder zweimal umrühren.)

4 Am nächsten Tag Zucchini und Möhren in etwas kochendem Wasser 2 Min. leicht abbrühen, bis sie bißfest sind. Abgießen, unter laufendem kaltem Wasser abspülen, bis sie kalt sind. Gut abtropfen lassen.

5 Vor dem Servieren Gemüse und Schinken zu den Nudeln geben und alles gut vermengen.

Hühnchennudeln (links) und Schinkennudelsalat (rechts)

PERFEKTE PASTA

NUDELDESSERTS

Flambierte Farfalle in Orangenlikörsauce

NUDELDESSERTS

Traditionell verwendet man Teigwaren für herzhafte Gerichte, das muß aber nicht immer der Fall sein. Es folgt eine Auswahl süßer Nudelgerichte, die gekocht, gebacken oder gebraten sind, und auch den anspruchsvollsten Gaumen entzücken dürften. Vor allem nach einer leichten, einfachen Mahlzeit geben sie einen großartigen Nachtisch ab.

Flambierte Farfalle in Orangenlikörsauce

Zubereitungszeit: 15 Min.
Kochzeit: 10 Min.
Für 6 Personen

1 EL Öl
500 g frische Hörnchen oder Farfalle (s.S. 8)
1 Apfelsine
1 Zitrone
125 g Butter
125 g Zucker
2 EL Vanillepuddingpulver
250 ml Milch
3 EL Sahne
3 EL Sahne zusätzlich
3 EL Orangenlikör
Vanilleeis zum Servieren

1 Wasser und Öl aufkochen. Nudeln 8 bis 10 Min. *al dente* kochen. Abgießen, unter kaltem Wasser abspülen, und abtropfen lassen.
2 Für die Sauce Zitronen- und Apfelsinenschale reiben. Saft ausdrücken und durch ein Sieb streichen. Beiseite stellen. Butter schmelzen, Zucker und Zitrusschalen dazugeben. Bei niedriger Hitze 2 bis 3 Min. dünsten. Den Saft unterrühren und alles aufkochen. Puddingpulver mit Milch und Sahne verrühren. Unter Orangensauce ziehen, und noch einmal aufkochen. Nudeln und zusätzliche Sahne darunterziehen.
3 Orangenlikör darübergießen, leicht erhitzen, und anzünden. Warm mit einer Kugel Vanilleeis servieren.

Risone-Pudding

Zubereitungszeit: 15 Min.
Kochzeit und Backzeit: 50 Min.
Für 6 Personen

125 g Risone (siehe Hinweis)
375 ml Milch
150 g Sahne
4 EL Zucker
10 cm Streifen Apfelsinenschale
1 Zimtstange
$^1/_2$ TL Kardamomsamen
20 g Butter
3 Eier, getrennt
125 g Zucker
2 TL Orangenblütenwasser
Eis oder Sahne zum Servieren

1 Risone mit Milch, Sahne, Zucker, Schale, Zimt und Kardamom in einen Topf geben. Aufkochen, 25 Min. köcheln lassen, bis die Milch absorbiert ist. Vom Feuer nehmen, Butter unterziehen und abkühlen lassen.
2 Flache Auflaufform einfetten. Zimtstange und Orangenschale aus der abgekühlten Mischung nehmen. Eigelb unterziehen. Mischung in die Form füllen, und bei 180 °C 20 Min. backen.
3 Eiweiß steif schlagen. Löffelweise Zucker dazugeben. Orangenblütenwasser unterziehen und schlagen. Eiweißmischung über Risone-Mischung verteilen. In den Ofen zurückgeben und weitere 5–10 Min. backen, bis Baiserbelag stockt und goldgelb ist. Warm mit Eis oder Sahne servieren.

Hinweis: Risone sehen wie Reis aus. In Delikatessenläden oder großen Supermärkten erhältlich.

Apfel-Sahne-Lasagne (unten), leckerer Risone-Pudding (oben) (Rezept auf S. 53)

Apfel-Sahne-Lasagne

Zubereitungszeit:
  40 Min.
Backzeit:
  40 Min.
Für 12 Personen

240 g fertige Lasagnenudeln
Vanilleeis zum Servieren

Apfelschicht
3 EL brauner Zucker
750 g Äpfel aus der Dose
  oder dem Glas
2 TL gemahlener Zimt
100 g grobgehackte
  Pekannüsse

Sahneschicht
250 g weicher
  Doppelrahmfrischkäse
3 EL brauner Zucker
3 Eier
300 g frische Sahne
2 TL Vanillearoma

Streuselbelag
60 g Butter
8 Scheiben zerkrümeltes
  Vollkornbrot
125 g Zucker

1 Lasagneplatten in eine große Schüssel geben. Mit warmem Wasser bedecken und 10 Min. ziehen lassen. Abgießen.
2 Für die Apfelschicht Äpfel mit braunem Zucker und Zimt vermischen. Dabei die

Äpfel in kleine Stücke zerkleinern. Pekannüsse unter die Mischung ziehen. Beiseite stellen.
3 Für die Sahneschicht Frischkäse mit Zucker locker schlagen. Eier, Sahne und Vanillearoma unterziehen, oder alle Zutaten im Mixer pürieren. Beiseite stellen.
4 Für den Belag Butter in der Bratpfanne zerlassen. Zerkrümeltes Brot 2 bis 3 Min. braun und knusprig braten. Zucker dazugeben und Mischung noch 1 Min. braten. Abkühlen.
5 Eine flache Lasagneform gut mit Butter bestreichen. Die Hälfte der Apfelmischung auf dem Boden verteilen und mit einer Lage Lasagneblätter bedecken. Darüber die Hälfte der Sahnemischung verteilen. Mit einer zweiten Lage Lasagneblätter bedecken. Mit der Hälfte der Streusel bestreuen, dann wieder eine Lage Lasagne daraufgeben. Darüber noch einmal die gleichen Apfel- und Sahneschichten verteilen. Zum Schluß den Rest des Belags direkt auf die Sahneschicht geben. Bei 180 °C 35 bis 40 Min. backen, bis der Streuselbelag gebräunt und goldgelb ist. Vor dem Servieren 15 Min. ruhenlassen. Warm mit Vanilleeis servieren.

Tropischer Dip mit Mandelnudeln

Zubereitungszeit:
25 Min.
Kochzeit:
10 Min.
Für 8 Personen

frischer Mandelnudelteig (siehe S. 9)
Öl zum Fritieren
gesiebter Puderzucker zum Bestreuen

Dip
300 g saure Sahne
Fruchtfleisch von 2 Passionsfrüchten
450-g-Dose Ananas in Stücken, abgetropft
200 g weiße gehackte Marshmallows (Schaumzuckerware)
90 g Kokosraspel

1 Für den Dip alle Zutaten vermischen. In eine kleine Servierschüssel geben und 1 Std. in den Kühlschrank stellen.
2 Den Nudelteig auf einem leicht mit Mehl bestäubten Brett ausrollen (oder durch eine Nudelmaschine, auf zweitschmalsten Walzenabstand gestellt, geben). Teig in 8 cm große Quadrate schneiden, und jedes Quadrat diagonal durchschneiden, so daß ein Dreieck entsteht. Öl auf 190 °C erhitzen.
3 Mehrere Dreiecke gleichzeitig goldgelb und knusprig fritieren. Auf Küchenpapier abtropfen lassen. Großzügig mit Puderzucker bestreuen. Die fritierten Nudelecken gemeinsam mit dem Dip servieren.

Tropischer Dip mit Mandelnudeln

Nudeln mit Nußfüllung

Zubereitungszeit:
  20 Min.
Kochzeit:
  45 Min.
Ergibt 15 gefüllte Muscheln

250 g große Muschelnudeln
  (Abissini)
Crème à l'Anglaise (siehe
  Rezept)

Füllung
125 g gemahlene Wal- oder
  Pekannüsse
125 g gemahlene Mandeln
185 g Kekskrümel
2 EL Zucker
¼ TL gemahlener Zimt
¼ TL gemahlene
  Muskatnuß
½ TL gemahlener Ingwer
leicht geschlagenes Eiweiß
  zum Befeuchten
Öl zum Fritieren

Nudeln mit Nußfüllung

1 Für die Nudeln in einem großen Topf Wasser aufkochen. Muschelnudeln 12 bis 15 Min. *al dente* kochen. Abgießen, unter kaltem Wasser abspülen und abtropfen lassen.
2 Für die Füllung: Walnüsse, Mandeln, Kekskrümel, Zucker, Zimt, Muskatnuß und Ingwer vermischen. Zur Mischung so viel Eiweiß hinzufügen, daß sie gerade zusammenhält.
3 Ungefähr 2 TL der Nußmischung in jede Muschel geben. 2 gefüllte Muscheln zusammendrücken. Auf ein flaches Tablett setzen und 30 Min. in den Kühlschrank stellen.
4 Öl auf 190 °C erhitzen. Mehrere Muscheln gleichzeitig 3 bis 5 Min. goldgelb und knusprig fritieren. Auf Küchenpapier abtropfen lassen, und noch warm mit etwas Crème à l'Anglaise reichen.

Variante:
Um Petits Fours zu servieren, taucht man die abgekühlten Muscheln in geschmolzene Schokolade.

Crème à l'Anglaise

Zubereitungszeit:
  10 Min.
Kochzeit:
  10 Min.
Ergibt etwa 450 ml

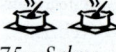

75 g Sahne
200 ml Milch
3 Eigelb
2 EL Zucker
3 TL Maismehl
2 EL Orangenlikör

Nudeldesserts

1 Sahne und 125 ml Milch in einen Topf geben und aufkochen. Vom Herd nehmen.
2 Eigelb, Zucker, Maismehl und restliche Milch verrühren, bis Mischung hell und gut vermengt ist. Etwas heiße Milch dazugeben, und verrühren. Mischung in den Topf geben und vermengen.
3 Bei mäßiger Hitze rühren, bis Mischung aufkocht und eindickt. Vom Feuer nehmen und Likör unterrühren. Bis zum Servieren zudecken.

2 EL Honig beträufeln. Früchte auf einzelnen Tellern anordnen, und zum Kühlen in den Kühlschrank stellen.
2 Für die Nudeln Teig dünn ausrollen. 10 cm große Kreise ausstechen. Mit einem leicht feuchten Tuch bedecken und beiseite stellen. Eiweiß steif schlagen. Nach und nach den Zucker dazugeben, weiterrühren bis die Mischung glänzt. Kokosraspel hinzufügen und vermischen. 2 TL der Mischung auf jeden Nudelkreis geben. Halben

Rand mit etwas Wasser bestreichen. Die andere Teighälfte darüberfalten, und Ränder fest zudrücken. Öl auf 190 °C erhitzen. Mehrere Tortellini gleichzeitig 3 bis 5 Min. goldgelb und knusprig fritieren. Auf Küchenpapier abtropfen lassen. Zu den frischen Früchten und dem Mascarpone auf die Teller geben.

Mandel-Tortellini mit frischen Früchten und Mascarpone

Zubereitungszeit: 45 Min.
Kochzeit: 20 Min.
Für 8 Personen

500 g frischer Mascarpone (Rahmfrischkäse)
300 g saure Sahne
375 g Honig
250 g frische Erdbeeren, gewaschen und ohne Blätter
4 Kiwis, geschält und in Scheiben geschnitten
frischer Mandelnudelteig (siehe S. 9)
1 Eiweiß
60 g Zucker
180 g Kokosraspel
Öl zum Fritieren

1 Mascarpone gründlich mit saurer Sahne vermischen. Auf 6 kleine Schälchen verteilen und mit

Mandel-Tortellini mit frischen Früchten und Mascarpone

Perfekte Pasta

Die perfekte Beilage

Im Uhrzeigersinn von oben: eine typische Platte mit Antipasti (alle hier abgebildeten Zutaten sind im Delikatessengeschäft erhältlich), italienischer Salat und italienisches Brot

Dieses Kapitel stellt Rezepte für Vorspeisen, Beilagen und Süßigkeiten vor, die keine Pasta als Zutaten enthalten. Es wurden überwiegend italienische Gerichte gewählt, weil sie so gut zu Pasta passen, deren Aroma sie noch vervollkommnen. Wählen Sie eins davon als Beilage zu Ihrer Nudelhauptmahlzeit, und Sie haben eine perfekte italienische Mahlzeit auf den Tisch gebracht.

Antipasti-Platte

Antipasti ist eine Auswahl von Vorspeisen, mit denen eine Mahlzeit beginnt. Die Platte kann sehr einfach gehalten sein oder aber so aufwendig, wie Sie möchten. In italienischen Delikatessengeschäften gibt es eine breite Auswahl an Lebensmitteln, die man mit wenig oder gar keinem Aufwand auf solch einer Platte anordnen kann. Dazu gehören:

Salami in Scheiben
Oliven
Sardellen
Schinken
Artischocken in Öl
Pilze in Öl oder Essig
Paprikaschoten in Öl
Antipastigemüse
Käse in feinen Scheiben
sonnengetrocknete Tomaten

Auch Feigen und Melone nehmen sich als Vorspeise gut aus und passen schön zu feinen Scheiben von Prosciutto- oder Parmaschinken. Parmaschinken ist ein roher gesalzener Schinken, der in hauchdünnen Scheiben serviert wird.

Andere Beilagen, die keine Arbeit machen, sind leicht gebratene Auberginen, Gurken gewürfelt oder in Scheiben, gewürfelte, gekochte Kartoffeln, rohe Zwiebeln in Scheiben sowie Scheiben von Fenchel, Radieschen und hartgekochte Eier. Ebenso beliebt und leicht zuzubereiten sind frische Meeresfrüchte in Olivenöl und Essig oder mit Mayonnaise.

Alle Beilagen auf der Platte so anordnen, daß ein attraktiver Kontrast von Farben und Formen entsteht.

Italienischer Salat

Zubereitungszeit: 10 Min.
Kochzeit: keine
Für 8 Personen

Salat
1/4 *Endiviensalat*
1 *römischer Salat*
1 *Radicchio*
1 *Fenchelknolle, in feinen Scheiben*
250 g *gewaschene Cocktailtomaten*
1 *rote Zwiebel, in feinen Scheiben*
1 *rote Paprikaschote, in feinen Scheiben*
1/4 *Salatgurke, gewaschen und in dicken Scheiben*

Italienisches Dressing
4 EL *Zitronensaft*
4 EL *Olivenöl*
1 *zerdrückte Knoblauchzehe*
1 TL *feingehackte frische Oreganoblätter*
1/2 TL *feingeriebene Zitronenschale*
1 EL *Parmesankäse*
1/4 TL *scharzer Pfeffer*

1 Den Salat gründlich waschen. Blätter auseinandernehmen und auf einer großen flachen Platte anordnen. Auf den Salatblättern Fenchel, Tomaten, Zwiebel, Paprikaschote und Gurke verteilen.

2 Für das Dressing alle Zutaten in einer kleinen Schüssel gut verrühren.

> **Tip**
> Nehmen Sie für diese Salatplatte all die schönen grünen Salate, die es in der jeweiligen Jahreszeit gerade gibt, wie römischen Salat, Kopfsalat, Radicchio, Sauerampfer und Spinat.

Frische Birnen in Weißwein (links) und Zabaione (rechts)

Frische Birnen in Weißwein

Zubereitungszeit: 15 Min.
Kochzeit: 20 Min.
Für 4 Personen

4 reife Birnen
500 ml Wasser
250 ml Weißwein
250 g Zucker
1 Zimtstange
1 Streifen Zitronenschale

1 Birnen schälen, dabei den Stiel nicht abschneiden. Mit einem Entkerner das Gehäuse entfernen.
2 Restliche Zutaten in einen großen Topf geben. Aufkochen lassen. Birnen hineingeben, und je nach Reifegrad der Birnen behutsam 5 bis 10 Min. abbrühen. Birnen sollten fest, aber weich sein, wenn man mit einer Stricknadel hineinsticht. Birnen mit einem Sieblöffel aus der Flüssigkeit heben. Beiseite stellen.
3 Sirup schnell 5 bis 10 Min. kochen, bis er leicht angedickt ist. Über die Birnen geben, und warm oder gekühlt servieren.

Zabaione

Zubereitungszeit: 10 Min.
Kochzeit: 5 Min.
Für 4 Personen

6 Eigelb
2 EL Zucker
250 ml Marsala (Wein)
Löffelbiskuits zum Servieren

1 Eigelb und Zucker in hitzebeständige Schüssel geben. Verrühren, bis die Masse hell und cremig ist. Marsala unterrühren.
2 Mischung im Wasserbad erhitzen, dabei ständig mit einem Mixer rühren. Sobald Mischung dick und schaumig ist, sofort in Gläser füllen und mit einem Löffelbiskuit reichen.

Hinweis: Es ist wichtig, die Zabaione unmittelbar vor dem Servieren zuzubereiten, weil sich die Mischung schnell wieder auflöst und flüssig wird.

TIP
Zieht man geschlagenes Eiweiß leicht unter die fertige Zabaione, ist sie weniger reichhaltig und in der Konsistenz lockerer.

Zitronenwassereis

Zubereitungszeit: 20 Min. + Gefrierzeit
Kochzeit: 5 Min.
Für 6 Personen

Dieses erfrischende Wassereis bildet den idealen Abschluß einer reichhaltigen Mahlzeit.

600 ml Wasser
175 g Zucker
300 ml frisch ausgedrückter Zitronensaft

1 Wasser und Zucker bei mäßiger Hitze zum Kochen bringen. 5 Min. schnell kochen. Vom Herd nehmen und auf Zimmertemperatur abkühlen lassen. Zitronensaft unterrühren, und in den Kühlschrank stellen.
2 Mischung in ein flaches Metalltablett geben und in den kältesten Bereich des Gefrierfachs stellen. Mischung alle 30 Min. umrühren, bis sie fest gefroren ist. In einen großen Behälter geben, zudecken und bis zum Gebrauch im Gefrierfach aufbewahren.
3 Zum Servieren das Zitroneneis in eisgekühlte Gläser füllen.

TIP
Nachdem Sie den Saft aus den Zitronen gepreßt haben, Fruchtfleisch mit dem Löffel herausnehmen, und Hälften mit Wassereis füllen. Zugedeckt im Gefrierfach aufbewahren.

Zitronenwassereis

Italienisches Brot

Zubereitungszeit: 10 Min.
Kochzeit: 10 Min.
Für 6 Personen

1/2 Blatt Focacciabrot, ca.
  40 x 40 cm groß
3 EL Olivenöl
175 g weiche Butter
4 Sardellenfilets
4 zerdrückte
  Knoblauchzehen
3 EL feingehackte frische
  Basilikumblätter
3 EL feingehackte glatte
  Petersilienblätter
1 TL gemahlener schwarzer
  Pfeffer
50 g geriebener
  Parmesankäse

1 Brot waagerecht in der Mitte durchschneiden. Mit der Schnittfläche nach oben auf ein flaches Tablett legen. Beide Hälften mit Olivenöl beträufeln.
2 Butter mit Sardellen, Knoblauch, Basilikum, Petersilie und schwarzem Pfeffer cremig rühren. Die Hälfte der Butter auf das Brot streichen. Mit Käse bestreuen.
3 Bei 180 °C 10 Min. backen. Heiß, in Viertel geschnitten, reichen.

Hinweis: Focaccia wird in großen flachen Scheiben als Viertel-, halbes oder ganzes Brot verkauft. Ist es nicht erhältlich, 2 cm dicke Scheiben italienisches Brot nehmen.

Italienisches Brot

TIP
Glatte Petersilie ist eine Sorte, die ein besonders starkes Aroma hat. Man kann sie aber auch durch gekräuselte Petersilie ersetzen.

TIP
Bei der Verarbeitung von frischen Chillies sollte man Hände mit Gummihandschuhen schützen. Benützt man keine Handschuhe, darf man auf keinen Fall mit den Händen Gesicht oder Augen berühren, das kann sehr schmerzhaft werden.

REGISTER

A
Antipasti-Platte 59
Apfel-Sahne-Lasagne 54
B
Bandnudeln 8, 9
   herstellen 5, 6
Birnen in Weißwein, Frische 60
Brokkolinudeln 41
Brot, Italienisches 62
Bucatini 8, 9
Buchweizennudeln
   herstellen 9
Burmesische Nudeln 22
Butternudeln 35
C
Cannelloni 8, 9
   herstellen 6
Chili-Schweinepfanne mit Penne 19
Crème à l'Anglaise 56
E
Eiernudeln
Nudelauflauf 35
F
Farfalle 8, 9
   Flambierte Farfalle in Orangenlikörsauce 53
   herstellen 6
   Pasta mit Muscheln 28
Fettuccine 8, 9
   Butternudeln 35
   Nudeln mit Petersilie und Knoblauch 41
   Orientalisches Nudelgericht 16
   Flambierte Farfalle in Orangenlikörsauce 53

Fleischsauce, Reichhaltige 11
Frische Birnen in Weißwein 60
Frische Pasta 4
Frischer Pastateig 3
Frische Tomatensauce 12
Fusilli 8, 9
   herstellen 6
   Spiralnudeln mit Kartoffeln und Spinat 47
G
Gartensalat mit Frankfurtern 50
Gnocchi, Spinat- 39
Gramigna 8, 9
H
Hühnchen
   -nudeln 50
   -pfanne, Schnelle 17
Hühnerbällchen in Tomatensauce 24
I
Italienischer Nudelsalat 49
Italienischer Salat 59
Italienisches Brot 62
L
Lasagne 8, 9
   Apfel-Sahne-Lasagne 54
   herstellen 6
   -röllchen mit Ricotta 44
M
Makkaroni 8, 9
Hühnerbällchen in Tomatensauce 24
Hühnchennudeln 50
Caprese 45
Nudelauflauf mit Eiern

und Pilzen 38
-Pizza 32
Mandelnudeln
   herstellen 9
Tropischer Dip mit 55
Mandel-Tortellini mit frischen Früchten und Mascarpone 57
Mexikanisches Nudelgericht 47
Mittelmeersalat 49
Muschelnudeln 8, 9
   Italienischer Nudelsalat 49
   Mexikanisches Nudelgericht 47
N
Nudelauflauf
   mit Eiern und Pilzen 38
Nudeln
   auf balinesische Art 33
   Brokkolinudeln 41
   Burmesische 22
   Butternudeln 35
   Scharfe 23
   mit Nußfüllung 56
   mit Petersilie und Knoblauch 41
   mit schneller Fleischsauce 21
Nudeln herstellen
   Bandnudeln 5, 6
   Buchweizennudeln 9
   Cannelloni 6
   Farfalle 6
   Frische Pasta 4
   Frischer Pastateig 3
   Lasagne 6
   Mandelnudeln 9

63

mit Käse und
    Basilikum 8
mit Kicherebsen und
    Knoblauch 9
mit Nußfüllung 56
mit Tomatenmark 8
mit Zitrone und
    Pfeffer 9
Ravioli 6
Spinatpasta 9
Spiralnudeln 6
Tortellini 6
Vollkornnudeln 9
O
Orientalisches Nudel-
    gericht 16
P
Pappardelle 8, 9
Pasta Marinara 30
Pasta mit Muscheln 28
Pasta Tomato Bocconcini
    46
Penne 8, 9
Chili-Schweinepfanne mit
    Penne 19
Scharfe Nudeln 23
Mittelmeersalat 49
Rinderpfanne 21
Pesto 12
Pikante Tagliatelle 15
Q
Quiche im Nudelmantel 40
R
Ravioli herstellen 6
Reichhaltige Fleischsauce 11
Rigatoni 8, 9
Rindfleischragout mit
    Rigatoni 20
Pasta Tomato
    Bocconcini 46
Rind
Rindfleischragout mit
    Rigatoni 20
Reichhaltige Fleischsauce
    11
Orientalisches Nudel-
    gericht 16
Rinderpfanne 21
Spaghetti mit
    Fleischklößchen 18
Risonepudding 53
S
Sahnesauce mit Pilzen 12
Sardellen-Knoblauchsauce
    11
Schinkennudelsalat 50
Scharfe Nudeln 23
Schnelle Hühnchen-
    pfanne 17
Sizilianische Spaghetti 30
Spaghetti 8, 9
    alla Carbonara 37
Brokkolinudeln 41
Creole 36
mit Fleischklößchen 18
mit Spinatsauce 43
Napoletana 43
Nudeln mit schneller
    Fleischsauce 21
Pasta Marinara 30
Quiche im Nudelmantel
    40
Sizilianische Spaghetti 30
Spinat
-nudeln herstellen 9
-Gnocchi 39
Spaghetti mit Spinat-
    sauce 43
Spiralnudeln mit Kartoffeln
    und Spinat 47
Spiralnudeln 8, 9
    herstellen 6
mit Kartoffeln und
    Spinat 47
Stellette 8, 9
T
Tagliatelle 8, 9
con Prosciutto 15
im Schnellverfahren 27
mit Blauschimmel-
    käsesauce 37
mit Kaviar 27
Pikante Tagliatelle 15
Thunfischsauce 11
Tomatensauce, Frische 12
Tortellini 8, 9
    herstellen 6
Mandel-Tortellini mit
    frischen Früchten und
    Mascarpone 57
Tropischer Dip mit
    Mandelnudeln 55
V
Vermicelli 8, 9
Royale 31
Vollkornnudeln herstellen 9
Z
Zabaione 61
Zitronenwassereis 61